10 Lições sobre

NORBERT ELIAS

Dados Internacionais de Catalogação na Publicação (CIP)
(Câmara Brasileira do Livro, SP, Brasil)

Leão, Andréa Borges
10 lições sobre Norbert Elias / Andréa Borges Leão, Tatiana S. Landini. – Petrópolis, RJ : Vozes, 2022. – (Coleção 10 Lições)

Bibliografia.

ISBN 978-65-5713-552-5

1. Elias, Norbert, 1897-1990 2. Sociologia I. Landini, Tatiana S. II. Título. III. Série.

22-105776 CDD-301

Índices para catálogo sistemático:

1. Sociologia 301

Cibele Maria Dias – Bibliotecária – CRB-8/9427

Andréa Borges Leão
Tatiana S. Landini

10 Lições sobre NORBERT ELIAS

Petrópolis

Rua Frei Luís, 100
25689-900 Petrópolis, RJ
www.vozes.com.br
Brasil

Editoração: Natalia Machado
Diagramação: Sheilandre Desenv. Gráfico
Revisão gráfica: Anna Carolina Guimarães
Capa: Editora Vozes
Ilustração de capa: Studio Graph-it

ISBN 978-65-5713-552-5

Este livro foi composto e impresso pela Editora Vozes Ltda.

Sumário

PRIMEIRA LIÇÃO

Elias, notas biográficas

Norbert Elias nasceu no dia 22 de junho de 1897, na cidade alemã de Breslau, região da Silésia[1]. Seus pais, Sofia e Hermann, judeus alemães socialmente estabelecidos, eram voltados ao trabalho e à valorização da cultura e da educação, o que certamente colaborou para a formação de seus patamares de autorregulação e expressão de seus sentimentos (RIBEIRO, 2010: 26). Filho único, Elias viveu a infância em uma rede de proteção e cuidado. Fez o primeiro aprendizado escolar na casa dos pais, orientado por um preceptor. Iniciou os estudos formais, aos 9 anos, no Johannes Gymnasium, onde interagiu e fez amizades com grupos de crianças.

Em entrevista concedida para a série de retratos *Zeugen des Jahrhunderts* (Testemunhos do

---

1. Hoje, Breslau pertence à Polônia e se chama Wroclaw.

Século), exibida pelo canal de televisão ZDF[2], em 1987, Elias diz não se recordar de vivenciar algum sentimento de exclusão por pertencer à comunidade judaica. Apesar de insultos e preconceitos abertamente antissemitas, na Alemanha imperial de sua infância, havia certo ordenamento nas relações sociais a ponto de crianças judias e cristãs conviverem sem conflitos na escola.

A Família Elias permanecia impregnada da cultura alemã e o filho crescia em contato com a tradição do classicismo de Goethe, Schiller e Kant. Conta Hermann Korte (2017: xiv) que ainda no liceu de Breslau, antes da guerra, Elias participou de uma associação juvenil judaica da qual, após retornar, em 1919, tornou-se porta-voz ideológico. Tratava-se de um movimento de jovens judeus completamente orientado pela cultura germânica: a paisagem, os monumentos e todos os estilos da arte ocupavam os debates.

Em agosto de 1914, na volta de uma viagem de férias, aos 17 anos, Elias teve seu primeiro contato com a guerra por meio da leitura de um jor-

---

2. Este filme foi baseado em entrevista com Elias realizada pelo jornalista Hans-Christian Huf, nos dias 21 e 22 de outubro de 1987. Este testemunho foi publicado em francês no livro *J'ai suivi mon propre chemin: un parcours dans le siècle, propos autobiographiques* – Respect et critique, discours de réception du prix Adorno. Paris: Les Éditions Sociales, 2016.

nal que noticiava a eclosão do conflito. Segundo narra, ele não tinha a percepção do que estava por vir (ELIAS, 2001). Sua convocação aconteceu no ano seguinte. Por causa da saúde frágil, alistou-se como soldado voluntário em uma unidade de transmissão de linhas telefônicas, o que não o impediu de testemunhar os horrores do *front*, com suas mortes e seus mortos[3]. Para os estudantes do Johannes Gymnasium, ser voluntário traria vantagens na seleção para o ingresso na universidade. Elias viu seus amigos tombarem um a um, a guerra foi uma experiência traumática.

De volta a Breslau, matriculou-se nos cursos de medicina e filosofia, os quais frequentou simultaneamente por alguns anos. No primeiro, matriculou-se, em parte, como ele mesmo diz, para satisfazer a seu pai, ainda que ateste também seu interesse pela medicina; o segundo consistindo em seu maior interesse. Cursou ambos por alguns anos, na Universidade de Breslau, desistindo gradualmente da medicina em função da sobrecarga que representava (KORTE, 2017). Este aprendizado lhe proporcionou conhecimentos duradouros de ciência natural. A imagem de ser humano construída na sua obra, afirma, é decisivamente marcada

---

3. Boa parte dessas notas biográficas está referenciada em Elias (2001).

pela medicina: "os meus livros mostram bem que, ao contrário de outros sociólogos, eu coloco o problema da ligação entre biologia e sociologia como problema sociológico central" (ELIAS, 2016: 30). Em 1924, concluiu o curso de filosofia com a dissertação *Ideia e indivíduo. Um exame crítico do conceito de história*, sob a orientação de Richard Hönigswald (KORTE, 2017).

Elias sonhava em deixar sua pequena cidade natal, partir em viagem de estudos. Chegou, então, ao centro universitário de Heidelberg, onde orientou-se para a sociologia. Ali, começou a frequentar o curso de Karl Mannheim, tornando-se seu assistente informal. Foi seguindo o conselho desse professor que passou a frequentar o salão de Marianne Weber, em uma bela residência à beira do rio Neckar. Convidado a fazer uma exposição, dissertou sobre a sociologia do gótico na Alemanha e na França. Na entrevista que concedeu a Hans-Christian Huf, Elias se refere à Heidelberg dos anos de 1920, sob a República de Weimar, como uma figuração intelectual tão efervescente e irradiante quanto as de Oxford ou Cambridge, na Inglaterra dos anos de 1980 (ELIAS, 2016: 36).

Em 1930, foi convidado por Karl Mannheim para trabalhar na Escola de Frankfurt. A oportunidade de trabalho com um *Privatdozent* importante na sociologia alemã e o convívio no reputado instituto criado por Horkheimer e Adorno lhe proporcionaram sólidos laços interpessoais que lhe seriam úteis para o resto da vida. Como assistente e orientando de Mannheim, redigiu finalmente a sua tese de habilitação.

Em Frankfurt, Elias encontrou um ambiente intelectual propício aos estudos comparativos e interdisciplinares entre sociologia e psicanálise. Por essa época, lembra Marc Joly (2010b), foi fundado o Psychoanalytical Institute, o que deve ter permitido a Elias o contato com a obra de Freud. O jovem sociólogo não se mostrou alheio aos debates travados nas rodas intelectuais nem às discussões informais e conversas nos intervalos das aulas. O interesse pelas estruturas psíquicas era comum a todos e casaria muito bem com o seu futuro projeto baseado nos entrelaçamentos entre a psicogênese dos indivíduos e a sociogênese das formações nacionais. Elias não teve tempo de defender a sua tese de habilitação em sociologia, que resultaria no livro *A sociedade de corte*. Os nazistas chegaram primeiro e fecharam o departamento ao qual pertencia.

Em março de 1933, sem o título, viu-se obrigado a deixar a Alemanha. Havia um fato real a enfrentar: sua carreira, seu projeto de vida, seu ganha-pão como professor estavam em risco (ELIAS, 2016: 53). Na bagagem, levou o estudo sobre a sociedade cortesã francesa do século XVII.

Primeiro, seguiu de carro com a amiga Grete Freudenthal para a Suíça em busca de uma chance nas universidades daquele país. As cidades de Basileia, Zurique e Berna nada ofereceram à sua ambição de iniciar uma carreira. Após um breve retorno à Alemanha, decidiu emigrar para a França, movido por uma paixão pela cultura, pela evolução dos costumes e pela história da monarquia absolutista, além do seu bom conhecimento da língua.

Elias permaneceu em Paris por cerca de dois anos, morando em Montparnasse, período em que teve uma vida agradável, mas também muito difícil financeiramente. Na intenção de conseguir ganhar sua sobrevivência, montou uma fábrica de brinquedos em conjunto com dois amigos alemães. O empreendimento não prosperou, e foi em Paris que Elias conheceu a fome. O dinheiro trazido da Alemanha foi gasto na compra de duas máquinas para a fábrica.

Em 1935, aceitou o conselho de amigos de Breslau que já haviam se instalado em Londres e adotou a Inglaterra como país de emigração. Tendo recebido uma pequena soma de um comitê de refugiados judeus com o objetivo de escrever um livro e retomar sua carreira, passou a viver uma vida muito simples e a trabalhar na Biblioteca do Museu Britânico elaborando o que viria a ser o *Sobre o processo da civilização*[4] (2012a). Em suas notas autobiográficas (ELIAS, 2001: 63), afirmou que já tinha, então, perfeita consciência de que *Sobre o processo da civilização* constituiria um enfrentamento à onda de estudos acerca das mentalidades e dos comportamentos feitos pelos psicólogos da época. Folheando os catálogos da grande biblioteca que estava à sua disposição, encontrou um rico material capaz de explicar as mudanças do comportamento humano no curso de séculos.

Na primavera de 1940, período em que conseguiu um posto de assistente na London School of Economics, em Cambridge, a Inglaterra era um país em guerra. Passou, então, por uma experiência social marcante, a internação, por oito meses, em um campo de refugiados situado na Ilha de Man, o Central Camp Douglas. Enquanto os homens ingleses na idade de 18 a 45 anos eram obrigados a entrar no exército, os estrangeiros que haviam fugido do nazismo – a grande maioria judeus alemães e austríacos – eram enviados aos campos de internação a fim de realizarem um aprendizado da língua e uma adaptação à vida nacional. Os imigrantes constituíam uma ameaça. Assim, acabou por ser instaurada uma relação mutuamente tensa

---

4. Na tradução brasileira, publicada pela Jorge Zahar Editores, o título aparece como *O processo civilizador.*

entre estabelecidos ingleses e imigrantes marginais, entre novos e velhos residentes da nação[5]. A rotina de relações e hierarquias dos universos sociais de origem dos refugiados era mantida no Campo. Apesar da contingência de deixar os pertences e bens para trás, as famílias mais ortodoxas organizavam escolas de teologia e hebraico. Elias não se desfez da cultura acadêmica alemã, acabou ministrando cursos sobre história da arte, psicologia social, psicanálise e sociologia. Aproveitou igualmente a oportunidade para aprender inglês.

David Rotman (2005: 166-167) se interroga sobre as repercussões do internamento na carreira moral dos refugiados e as posteriores condições de socialização no país de acolhimento, ou seja, o convívio com os britânicos. No caso do sociólogo Norbert Elias, as relações intelectuais podem tê-lo ajudado a se tornar estabelecido em uma população de imigrantes. Talvez essa condição também ajude a entender suas disposições contraditórias: o sentimento de estranhamento, a autoconfiança e o fato de jamais ter renunciado às suas ambições. Graças aos professores e intelectuais exilados que intervieram em seu favor junto às autoridades inglesas e

---

5. David Rotman (2005), partindo da correspondência de Elias no período de internamento, realiza um estudo detalhado sobre a experiência no campo e o desenvolvimento da trajetória intelectual do sociólogo.

graças ao apoio das várias associações e comitês de ajuda exteriores, Elias não passou muito tempo em Camp Douglas. Naturalizou-se cidadão inglês em 1952, no mesmo ano em que participou com S.H. Foulkes, um psicanalista alemão a quem se ligara ainda em Frankfurt, da fundação do Group Analytic Society, estreitando cada vez mais os laços com a psicologia de grupo e com a psicanálise.

Vale chamar a atenção para o fato de que, em Frankfurt, no Psychoanalytical Institute, dirigido por dois estudantes de Sigmund Freud, Karl Landauer e Heinfich, Elias havia convivido com os professores Erich Fromm e Frieda Reichmann (KORTE, 2017: 25). Em Londres, seguiu uma análise didática, não se sabe ao certo se com Foulkes, mas, por algum tempo, foi terapeuta de grupo. O contato com os psicanalistas representa não apenas a força da rede na qual se inseria no período, quando ainda se encontrava praticamente excluído da vida acadêmica universitária, mas, sobretudo, a oportunidade de testar a hipótese central de sua teoria do processo da civilização (ao que tudo indica, concebida em Frankfurt), a de que não se pode separar os indivíduos dos grupos sociais, embora uns e outros demandem níveis de análise distintos.

Norbert Elias já contava 57 anos quando, a convite da socióloga Barbara Wootton, diretora do Departamento de Estudos Sociais do Bedford

College, passou a ministrar cursos de curta duração nessa universidade. Em 1954, também a convite de um amigo, Ilya Neustadt entrou para o novo Departamento de Sociologia da Universidade de Leicester (ELIAS, 2016: 82), onde ministrou, por uma década, cursos de introdução à sociologia. Lá, costumava explicar aos estudantes os usos dos pronomes pessoais "eu", "ele/ela" e "nós" – abordagem de que trataremos na Sexta lição – como pontos nodais nas relações que os indivíduos estabelecem uns com os outros. A inovação temática e didática logo se mostrou indigesta para o ambiente conservador da universidade. Elias obteve, em Leicester, apenas o posto de *lecturer/reader*, hierarquicamente inferior ao de professor.

Em 1962, o governo de Gana, na África, ofereceu uma vaga a professores ingleses dispostos a dirigir o Departamento de Sociologia da Universidade de Acra. Elias, sabendo da nova oportunidade por Neustadt, apresentou sua candidatura, foi selecionado e, em carta enviada ao amigo alemão R. König, confidenciou que os dois anos passados em Gana foram uma experiência extraordinária na sua vida (KORTE, 2004: 46).

De início, em Gana, nos diz Hermann Korte, ao aplicar o método de seus cursos de introdução, Elias enfrentou a resistência dos antropólogos culturais que "validavam com suas disciplinas a história do país aos olhos ocidentais". A solução possível foi a mudança do programa da disciplina de sociologia, que se encontrava centrado na sociedade moderna, para o estudo das sociedades pré-industriais. Para Elias, não se tratava de defender o apogeu do processo de civilização (PC) europeu. A arte e a cultura africanas, suas formas de expressão e rituais por onde fluíam as emoções, atraíram bastante a sua curiosidade e interesse. Foi com essa experiência de ensino que conheceu a alteridade dos povos coloniais. Nas palavras do próprio autor: "How strange they are. How strange I am. How strange we are" (KORTE, 2004: 49). No final das contas, escrevia Elias , "somos uns bárbaros modernos" (ELIAS, 2016: 73). Cabe notar que, antes de partir para o país africano, já havia preparado o estudo sobre os estabelecidos e os *outsiders* de Winston Parva, que seria publicado em 1965. Em março do mesmo ano, escreveu ao amigo König: "Eu tive, como você sabe, uma estadia apaixonante e frutificante em Gana, espero publicar num futuro próximo um ou dois livros ligados à minha experiência".

Em 1969, foi publicada a segunda edição de *Sobre o processo da civilização* e, logo em seguida, teve início a circulação transnacional da obra em traduções para vários idiomas. Marc Joly (2012: 279-384) chama a atenção para o papel fundamental dos intermediários culturais franceses – intelectuais e jornalistas – na difusão e consagração da obra de Norbert Elias não apenas na França, como também por todo o ocidente europeu.

Após a segunda edição, lembra-nos Hermann Korte (2017: 30), *Sobre o processo da civilização* recebeu uma resenha escrita pelo sociólogo Raymond Aron, publicada em 1941, na revista *Les Annales Sociologiques*. Chamava a atenção do francês a originalidade de um estudo em que as inter-relações entre psicogênese e sociogênese eram muito bem descritas. É importante destacar a correspondência trocada, a partir de 1960, entre Aron e Elias. Os dois comentavam as teorias do desenvolvimento então em voga e as expectativas de Elias com o trabalho na Universidade de Gana. Apesar disso, observa Marc Joly (2012: 239), Aron não demonstrou nenhum interesse em introduzir *Sobre o processo da civilização* em seu país.

Entre os anos de 1960, 1970 e 1980, Elias escreveu e publicou importantes livros, tais como: *Os estabelecidos e os* outsiders (1965), *O que é sociologia* (1970), *Sobre o tempo* (1984), *A sociedade dos indivíduos* (1987), *Os alemães* (1989), entre outros.

De 1978 a 1984, trabalhou no Centro de Pesquisa da Universidade de Bielefeld. Em 1984, instalou-se definitivamente em Amsterdam. Por este tempo, o reconhecimento já havia chegado e seus livros ganhavam o mundo. Em 1977, foi agraciado com o Prêmio Adorno e, em 1987, com o Prêmio Amalfi de Sociologia.

Norbert Elias faleceu em 1º de agosto de 1990, já aposentado, mas na posição sonhada, em meio ao sucesso acadêmico e a seus vários alunos. Ao fim de uma vida de 93 anos, tornou-se referência para gerações de sociólogos.

A cada vez que se busca situar a obra de Norbert Elias no repertório das teorias sociais classificadas como "contemporâneas" vêm à tona as dívidas e filiações do sociólogo em relação a Karl Mannheim, Alfred e Max Weber e Sigmund Freud. Mas, para compreender um autor que ficou boa parte da vida no anonimato e, portanto, explicar o engajamento todo especial de sua obra na tradição sociológica, é preciso lê-lo livro a livro e observar o modo como um programa teórico e metodológico vai sendo desenhado no curso de pesquisas empíricas, redação de livros e artigos, conferências e nas mais diversas recepções nacionais.

Este livro apresenta, em 10 lições, uma introdução à sociologia de Norbert Elias, também conhecida como sociologia figuracional. Buscamos, preferencialmente, acompanhar o desenvolvimento cronológico da escrita das obras. Após esta breve biografia do autor, na Segunda lição apresentamos a sociologia figuracional e seus conceitos fundantes (figuração e processo). Em seguida, passamos à leitura de obras tidas como fundamentais à compreensão da sociologia eliasiana – A sociedade de corte (Terceira lição), Sobre o processo da civilização (Quarta lição), Os estabelecidos e os *outsiders* (Quinta lição), A sociedade dos indivíduos (Sexta lição) e Envolvimento e distanciamento (Sétima lição). Posteriormente, apresentamos dois temas importantes para o autor, que entendemos merecer destaque: Arte e civilização (Oitava lição) e Violência e civilização (Nona lição). Finalizamos com um capítulo sobre a Teoria do símbolo (Décima lição), livro menos conhecido de Elias, mas que constitui importante desenvolvimento de sua teoria sobre os processos da civilização.

Por entender que diversas traduções para o português encontram problemas relativamente sérios, decidimos orientar nossas referências e citações, na medida do possível, pela coleção *Collected Works of Norbert Elias*, publicada pela UCD Press. Todas as traduções de citações de livros em inglês e francês são de responsabilidade das autoras.

Segunda lição

A sociologia figuracional

Em um belo exemplo de sua sociologia do conhecimento[6], na qual se entrelaçam mudanças sociais e transformações na forma de pensar e conceber a própria sociedade, em *Sobre a sociogênese da economia e da sociologia* (2006), Elias traça a gênese social da economia e da sociologia. Distanciando-se da prática de traçar a história das teorias sociológicas, e contrariando a visão de que seria suficiente estudar os autores que se autodenominavam sociólogos, Elias retorna ao século XVIII, refazendo o percurso do conceito de economia e, em seguida, de sociedade.

Tratando primeiramente da economia, o autor afirma a importância do deslocamento do termo economia do campo doméstico para o da administração pública, transformação relacionada ao desenvolvimento de um código social específico, e que prescreve como virtude o equilíbrio das contas

---

6. Cf. Sétima lição.

pessoais. Esse *ethos*, então bastante recente, surgiu acompanhado da tentação do que se pretendia conter, quando crédito e oportunidades de investimentos se tornaram disponíveis.

Partindo dos fisiocratas e dos economistas clássicos, e a despeito das diferenças identificadas entre eles, Elias enfatiza a importância do uso de dados empíricos para a demonstração do que até então se configurava apenas como crença filosófica. Em uma sociedade ainda autocraticamente governada, uma ideia que antes funcionava como religião social – a de que o bem-estar e a prosperidade seriam maiores se deixasse as "leis naturais" agirem livremente – ganhou a função de hipótese científica quando enriquecida por dados empíricos. A afirmação de que a sociedade tinha suas próprias leis – o que implicava a separação, no nível dos conceitos e das ideias, entre sociedade e Estado – era uma ideia ousada que desafiava a autoridade estabelecida ao demonstrar que reis e ministros não eram a fonte suprema das leis, devendo-se antes estudar os princípios inerentes às sociedades e buscar os conselhos de especialistas.

A possibilidade de reivindicação da autonomia, tanto de funções e mecanismos especificamente econômicos – e dos quais os processos desencadeados pela livre-concorrência eram o exemplo mais forte – quanto de teorias e conceitos que explicavam como e por que esses mecanismos funcionavam, estava vinculada a uma maior distribuição de poder no âmbito social. À medida que aumentava o poder potencial da classe média, suas operações comerciais em âmbito local e nacional tornavam-se também mais autônomas, acentuando as propensões autorreguladoras e relativamente impessoais de elementos sociais, tais como os mercados nacionais e internacionais.

Mudanças na estrutura social são, assim, relacionadas à própria possibilidade do conhecimento: "a busca por novas maneiras de analisar a sociedade viu-se estimulada por fenômenos desse tipo – vividos como algo dotado de força própria, qual a natureza, e, no entanto, sociais em seu caráter, dependentes das ações humanas e, ainda assim, relativamente autônomos frente a cada ação humana particular" (ELIAS, 2006: 177). O entendimento de que a dinâmica econômica independia da ação individual foi, assim, um passo crucial para o estabelecimento do campo de estudos econômicos.

Esse processo em direção ao aumento da autonomia de uma das ciências sociais nascentes, argumenta Elias, ilustra o caminho trilhado entre o pensamento pré-científico e uma maneira mais científica de lidar com os problemas. As dificuldades e os desafios ao longo desse caminho foram significativos (ELIAS, 2006: 180-181):

1) Aprender com os modelos das ciências naturais já existentes e, ao mesmo tempo, desenvolver métodos e teorias suficientemente independentes e que permitissem o distanciamento desses modelos sempre que as evidências o exigissem.

2) Conceituar o que se estudava em termos menos pessoais que as expressões correntemente usadas na sociedade em geral. Em especial, compreender e formular a explicação de que as regularidades observadas como "leis" econômicas ou sociais se referiam às configurações formadas por pessoas, e não às pessoas individualmente, a seus atos ou intenções.

3) Distinguir o diagnóstico sociológico da interdependência funcional no desenvolvimento, na estrutura e no movimento das sociedades dos enunciados que representavam objetivos, crenças, ideais e opiniões de grupos específicos, ou seja, discriminar as funções científicas das ideológicas.

Uma transformação na mesma direção ocorreu no campo da sociologia. Segundo Elias (2006), os primeiros sociólogos partilhavam de uma mesma plataforma situacional, e buscavam responder às mesmas questões, conceituando as mesmas experiências como "sociedade", e diferenciando-a do Estado com mais veemência que seus antecessores.

Nesse sentido, sociedade era entendida como um conjunto autorregulado, uma região do universo dotada de certa autonomia e que constituía uma ordem *sui generis*. Buscava-se descobrir as "leis" da sociedade por meio de evidências empíricas. O problema compartilhado era o de saber como a sociedade tinha se desenvolvido, conhecer o desenvolvimento da humanidade a longo prazo – Hegel constituindo a primeira grande manifestação de uma linhagem de pensamento cuja ênfase recai sobre o padrão mutável da história e o desenvolvimento da humanidade.

Elias identifica em August Comte o desenvolvimento de algumas ideias importantes para o desenvolvimento da sociologia, apesar de concordar que grande parte de sua obra poderia mesmo ser deixada ao pó (2012b: 28-45):

1) A relação intrínseca entre empiria e teoria, interpretação e observação: distanciando-se da indução pura, quer dizer, do uso da observação para a formação de teorias amplas, e também do trabalho meramente dedutivo, que entende que a investigação científica possa advir de teorias puras, formuladas sem referência aos fatos ou de hipóteses que apenas num momento posterior seriam confrontadas com os fatos, Comte entendia a importância da teoria para o próprio processo de observação e de estabelecimento de relações entre os fatos.

2) Partindo da premissa de que as mudanças sociais não podem ser explicadas a partir da ação individual, Comte empreende uma importante tentativa de desenvolver instrumentos de pensamento que possibilitassem a compreensão da mudança.

3) Comte entende o próprio pensamento (conhecimento) como objeto de reflexão e, portanto, como parte do social e determinante para seu desenvolvimento.

4) Demonstração da autonomia do objeto fundamental da sociologia, deixando aberta a possibilidade de que a sociologia se estabelecesse como ciência autônoma.

Ao trazer Comte para o debate, a intenção é menos de reverenciar o autor e mais de sublinhar os pontos que ele mesmo, Elias, buscou desenvolver em sua sociologia. A partir desse quadro, apresentamos então sua sociologia figuracional.

Para não deixar de lado uma de suas belas formulações a respeito dos cientistas, dentre os quais os sociólogos:

> Os cientistas são destruidores de mitos. Por meio da observação dos fatos, esforçam-se por substituir mitos, ideias religiosas, especulações metafísicas e todas as imagens não comprovadas dos processos naturais ou de outros processos, por teo-

> rias testáveis, verificáveis e susceptíveis de correção por meio da observação dos fatos (ELIAS, 2012b: 48).

Nesse sentido, a tarefa do cientista social é pesquisar e, ao mesmo tempo, fazer com que as pessoas compreendam os padrões das configurações que formam umas com as outras, de sua natureza e de suas transformações (ELIAS, 2007: 79). A ciência, portanto, busca novas explicações, novas compreensões – e o faz calcada na pesquisa empírica e na busca de dados factuais[7]. Se a pesquisa meramente teórica não tem espaço na sociologia eliasiana, tampouco encontra espaço a pesquisa realizada de forma fragmentada e desarticulada da teoria. Elias formulou e defendeu uma nova proposta teórica para as ciências sociais, uma síntese teórico-empírica (GABRIEL & MENNELL, 2011: 5), que pode ser antevista já

---

7. A esse respeito, é necessário enfatizar que não há lugar na sociologia eliasiana para a pesquisa exclusivamente teórica, principalmente para a teorização que não seja realizada em conjunto com pesquisas empíricas. Essa constatação, contudo, não nos permite igualar pesquisa empírica a técnicas como entrevistas ou observação etnográfica. Essas são técnicas utilizadas, por exemplo, no *Os estabelecidos e os outsiders* (2008). Mas seu trabalho empírico não se resume a isso, muito pelo contrário, as fontes de dados utilizadas por ele são muito amplas, e são de grande importância em seus trabalhos: dados e documentos históricos sobre as sociedades estudadas; livros de literatura e de boas maneiras; dados estatísticos; fotografias; estudo da arquitetura e do uso do espaço etc.

em seu primeiro livro publicado, *Sobre o processo da civilização* (2012a)[8]. Ainda que não tenha escrito com todas as letras, Elias via o processo da civilização como uma teoria central, a qual pode ser entendida como

> teorias baseadas em observações empíricas meticulosas, detalhadas e sensíveis, expressas em um nível de síntese suficientemente alto que pudesse ser aplicado a uma variedade de tópicos e, ao mesmo tempo, suficientemente pé no chão para que pudessem ser estabelecidas relações claras e relevantes no que diz respeito às experiências reais da vida dos seres humanos (DUNNING & HUGUES, 2013: 77).

O sucesso dessa empreitada pode ser visto no uso da teoria dos processos civilizadores para o avanço do conhecimento em áreas díspares como tempo, esporte e entretenimento, guerra, violência, morte, ciência, música etc. (DUNNING & HUGUES, 2013: 77). É importante reconhecer a complementariedade dos muitos trabalhos realizados pelo próprio Elias, os quais formam um conjunto coerente e cuja proposta recebe o nome, correntemente, de sociologia figuracional.

São dois os princípios fundantes da sociologia figuracional, e que permeiam seus trabalhos: as noções de figuração e processo (LANDINI, 2013).

---

8. Cf. Terceira lição.

Na leitura feita por Elias sobre os fisiocratas e economistas clássicos, e principalmente sobre Comte, já aparecem algumas das características de figuração e processo, de forma entrelaçada: a dinâmica social não é controlada por planos e ações individuais, ainda que não seja independente deles.

Elias substitui concepções sociológicas tradicionais, que preconizam a sociedade como estruturas exteriores aos indivíduos, e os indivíduos simultaneamente rodeados pela sociedade e separados dela – concepção denominada *homo clausus* e rechaçada por ele –, por

> uma visão mais realista das pessoas que, através das suas disposições e inclinações básicas, são orientadas para e ligadas umas às outras das mais diversas maneiras. Estas pessoas constituem teias de interdependência ou figurações de muitos tipos, caracterizando equilíbrios de poder de vários tipos, como famílias, escolas, cidades, estratos sociais ou estados (ELIAS, 2012b: 10).

O conceito de figuração é, então, um instrumento conceitual que afrouxa o constrangimento social de falar e pensar "indivíduo" e "sociedade" como entes distintos e antagônicos (ELIAS, 2012b: 125). O conceito pode ser aplicado a grupos de tamanhos e graus de interdependência diversos: um grupo jogando pôquer, os alunos de uma sala de aula, uma vila de pescadores ou uma metrópole – todos eles criam figurações relativamente compreensíveis uns com os outros (2012b: 126). Tratando-se de figurações mais complexas, elas não são percebidas diretamente, pois as cadeias de interdependências são maiores e mais diferenciadas. Compreendê-las implica abordá-las indiretamente e proceder a uma análise dos elos de interdependência.

A figuração não pode ser entendida como a soma de indivíduos separados e autônomos que se relacionam a partir de suas ações e intenções individuais, não é soma de indivíduos, mesmo que *em relação* uns com os outros. A palavra-chave para compreender este importante conceito eliasiano é *interdependência*. As relações que ligam indivíduos uns aos outros, formando figurações, são relações de interdependência. É esse o domínio próprio da sociologia: o que advém das relações de interdependência é relativamente autônomo em relação a cada um dos indivíduos implicados, mas, ao mesmo tempo, não tem existência própria para além desses mesmos indivíduos que a compõem, não tem substância. Figuração é o padrão mutável criado pelo conjunto de indivíduos, não só por seus intelectos, mas pelo conjunto do seu eu, pela *totalidade das suas ações nas relações que sustentam uns com os outros* (ELIAS, 2012b: 125-126).

Relações de interdependência, como as entendidas por Elias, são também relações de poder, já que formam um entrançado flexível de tensões e um equilíbrio flutuante de poder. Poder, portanto, não é uma substância, não é algo que um indivíduo ou grupo de indivíduos possui ou usa contra ou a favor de si ou de outros, mas um componente intrínseco às relações de interdependência – passa-se, portanto, de um conceito de substância para um conceito de relação.

Nesse sentido, e buscando exemplos relativamente extremos, Elias entende que não são apenas os pais que têm poder sobre o filho recém-nascido – este também o tem na medida em que os pais lhe atribuam qualquer tipo de valor. Da mesma forma, uma pessoa escravizada também tem poder sobre o senhor, na proporção da função que desempenha para ele ou, em outras palavras, da dependência que o senhor tenha em relação ao escravo. Se essas são relações bipolares em que as oportunidades de poder são distribuídas de forma muito desigual, há outras em que a desigualdade é menor, em que há um maior equilíbrio de poder. Poder é, portanto, algo intrínseco às relações humanas, constitui um elemento estrutural dessas relações: há equilíbrio de poder – bipolar ou multipolar, mais ou menos desigual – em todas as relações em que exista interdependência funcional entre as pessoas (ELIAS, 2012b: 69).

Se o conceito de figuração é fundante da sociologia eliasiana, também o é o de processo, ambos entrelaçando-se: as figurações estão sempre em fluxo, em processo. Podemos dizer que o foco de sua sociologia está nos "mecanismos sempre mutáveis de entrelaçamento social, as figurações que os seres humanos formam uns com os outros" (KORTE, 2001:13).

A construção do enfoque sociológico, para Elias, passa por uma historicização radical de seu objeto de pesquisa (DELZESCAUX, 2016: 54). De sua sociologia, cuja base encontra-se, portanto, na análise da figuração e do processo, diz ser

> radicalmente processual e radicalmente relacional em seu caráter; ou seja, ela é processual e relacional em suas raízes e em sua essência. O foco da sociologia eliasiana está centralizado na importância do longo prazo em oposição aos processos de curto prazo, ainda que Elias não tenha negligenciado este último (DUNNING & HUGUES, 2013: 50).

O capítulo "Modelos de jogo" (ELIAS, 2012b), cujo foco principal é a discussão das relações de interdependência e do caráter relacional de poder, já abordados acima, apresenta-se também como um bom ponto de partida para a discussão de processo como fundamento da sociologia eliasiana. Nesse capítulo, sugerindo que modelos podem ser usados para estimular a imaginação sociológica, Elias apresenta diversos modelos de figurações, que vão de figurações formadas por duas ou poucas pessoas até figurações maiores e mais complexas. Nas figurações em que as relações estão baseadas em grandes desigualdades na balança de poder, o resultado é mais previsível. Naquelas em que impera uma balança de poder mais equilibrada, o resultado torna-se mais imprevisível. Número de participantes, existência de regras e normas que orientem as relações humanas, de grupos e de níveis – se os indivíduos interagem todos diretamente uns com os outros ou se há a formação de níveis secundários – e tempo decorrido são elementos que influenciam o direcionamento dos processos.

A busca por explicações para o processo de mudança social é central na sociologia clássica, como discutido pelo próprio Elias ao retomar Comte em seu *O que é sociologia?* (2012b[9]). Compartilhando dessa importante questão sociológica, Elias propôs uma nova abordagem:

> que ele tenha usado materiais empíricos como comportamentos à mesa e regras de etiqueta não surpreende o leitor por muito tempo, mas sim que ele conseguiu mostrar o desenvolvimento dos diferentes preceitos de forma que as razões sociais

---

9. Na tradução portuguesa o título aparece como *Introdução à sociologia*. Lisboa: Ed. 70, 2008.

> da mudança ficaram visíveis (KORTE, 2001: 23).

Os olhos de Elias estão voltados, portanto, para a compreensão da *estrutura das mudanças* sociais – o que o diferencia de Marx, por exemplo, cujo olhar está mais voltado para as *mudanças na estrutura* social. Essa questão, que envolve a discussão do direcionamento dos processos sociais no longo prazo, será retomada na Quarta lição (Sobre o processo da civilização) e na Nona lição (Violência e civilização).

As duas lições que seguem a esta – as lições sobre *A sociedade de corte* e *Sobre o processo da civilização* – constituem análises importantes de estudos que possuem foco, respectivamente, nas dinâmicas e relações de interdependência de figurações circunscritas e nos processos de mudança de longo prazo, o que nos permitirá levar à frente a discussão sobre figuração e processo no entrelaçamento intrínseco entre ambos. Como mostrado em *Sobre o processo da civilização*, os direcionamentos tomados pelos processos sociais, pelo devir histórico, são, em grande parte, não planejados. No curto prazo, contudo, é possível visualizar as forças em ação, as relações estabelecidas entre indivíduos e entre grupos – as quais constituem sempre e necessariamente relações de poder. Assim, se um dos importantes processos discutidos em *Sobre o pro-*

cesso da civilização diz respeito à centralização e monopolização da violência legítima e do controle dos impostos, em *A sociedade de corte* conseguimos visualizar a importância de Luís XIV nesse mesmo processo.

Além das noções de figuração e de processo como princípios fundantes da sociologia eliasiana, sua sociologia do conhecimento ocupa espaço muito importante e faz dela uma sociologia voltada para a compreensão do significado – mais propriamente do significado em um determinado momento histórico e seu processo de modificação.

TERCEIRA LIÇÃO

A sociedade de corte

Norbert Elias escreveu *A sociedade de corte* como tese de habilitação antes de seu exílio. O trabalho foi apresentado apressadamente à Universidade de Frankfurt em função da subida de Hitler ao poder, e a decorrente saída de Elias de seu país natal. A publicação definitiva em livro, após atualizações, acabou ocorrendo apenas em 1969, originalmente em alemão.

A sociedade de corte constitui, portanto, o primeiro trabalho de Elias. O estudo trata de um período que antecede e engendra a sociedade industrial-burguesa. É a base para a construção posterior do livro *Sobre o processo da civilização* e, de forma mais geral, fundamenta a teoria dos processos civilizadores. Nele, encontramos já presente um conjunto de questões e de orientações posteriormente desenvolvidas. Pode-se afirmar que em *A sociedade de corte* Elias mergulha em um período importante de *Sobre o processo da civilização*.

A questão central do livro é a compreensão dos processos sociais que possibilitaram a certos indivíduos uma grande concentração de poder, o que hoje conhecemos como absolutismo. A figuração da corte, com especial atenção ao reinado do francês Luís XIV (1638-1715), o Rei Sol, que vivia no microcosmo do Palácio de Versailles junto a uma população de mais ou menos 10 mil pessoas, foi eleita ponto de observação.

Ao longo dos capítulos, Elias busca responder a seguinte questão: afinal, como alguém poderia reunir tanto poder e prestígio? O poder que Luís XIV – exemplo do soberano absoluto, irrestrito, onipotente – consegue imprimir sobre seus súditos é explicado a partir das redes de interdependências das quais fazia parte. Seu espaço de atuação era mantido a partir de estratégias bem articuladas na corte e na sociedade francesa como um todo (ELIAS, 2014: 5), em que a intriga e a etiqueta constituíam peças-chave nas estratégias de poder. Distanciando-se dos estudos históricos que têm como ponto central indivíduos singulares e notabilizados por seus feitos, Elias dirige o olhar para a figuração que os indivíduos formam uns com os outros (ELIAS, 2001).

Os referenciais temporais utilizados na análise, séculos XVII e XVIII, estão circunscritos por mudanças observadas desde a Idade Média, em que ficava mais evidente a transição da aristocracia guerreira para a de corte, e vão até o século XIX, apogeu da sociedade burguesa-industrial. Essas mudanças dizem respeito à formação dos modernos Estados Nacionais, quando são criadas as instituições de centralização do controle da violência e da arrecadação dos impostos e amadurecidos os padrões de autocontrole dos indivíduos. Em determinado estágio de desenvolvimento da sociedade, as condições foram postas para a emergência das cortes aristocráticas. Ainda na Idade Média, o aumento das possibilidades financeiras, com a circulação do dinheiro e a cobrança de impostos, a força dos militares, com a formação dos exércitos em substituição aos grupos de guerreiros e mercenários, criaram as possibilidades para o advento dos monopólios fiscais e militares de príncipes e reis.

Desse modo, a leitura de *A sociedade de corte* permite acompanhar o encontro entre uma dominação própria à organização política do Estado e a expressão, nas pessoas, do autocontrole sobre as emoções e satisfações íntimas. Uma importante lição que se pode tirar desse livro é a de que o mútuo desenvolvimento da sociogênese e da psicogênese é um traço das figurações humanas. Se mudam as figurações sociais, mudam também as estruturas psíquicas.

No texto de apresentação da versão de *A sociedade de corte* publicada no Brasil, Roger Chartier

(2001) abre um debate sobre as convergências e diferenças entre as abordagens da sociologia e da história nas investigações do passado. Elias atribui aos sociólogos a tarefa de investigar as redes de interdependências nas figurações, em oposição à pesquisa sobre grandes personalidades e grandes feitos. Para Elias, o estudo das posições e funções sociais não deve ser separado do estudo das estruturas psíquicas dos indivíduos. Ainda que, nesse período, reis como Luís XIV tenham conseguido fazer com que a balança de poder vertesse fortemente a seu favor, nunca deixaram de ser dependentes dos outros indivíduos que formavam a corte. As figurações humanas existem independentemente das intenções ou vontades individuais, mesmo partindo de um todo-poderoso rei da França que, na verdade, também esteve submetido a uma rede de coerções e pressões. Nem o ocupante independe da posição, nem a posição pode ser construída sem a dinâmica específica de formação da rede na qual se inscreve o ocupante. Indivíduos singulares só ganham sentido quando postos em cadeias de interdependências (ELIAS, 2014: 28). Os sociólogos, nesse sentido, têm como tarefa explicar as dinâmicas de figurações sociais que se estruturam ao longo de séculos (CHARTIER, 2001: 15).

Roger Chartier ressalta o caráter inovador, nos anos de 1930, da estratégia metodológica utilizada na pesquisa. Elias mobiliza um emaranhado de dados empíricos compilados em arquivos e bibliotecas – a literatura é amplamente utilizada como espaço de observação empírica –, dando base à construção de um quadro comparativo entre cortes aproximadas e distanciadas no espaço e no tempo, como as da França, Inglaterra, Alemanha e Prússia.

Na Europa dos séculos XVII e XVIII, era muito forte a comunicação entre as figurações de corte. Todas falavam uma língua comum – primeiro o italiano, depois o francês – e partilhavam o mesmo gosto e código de comportamento, com variações locais de hierarquia entre as camadas sociais. Havia uma rede transnacional de pressões, intrigas e diplomacias, cujo centro se encontrava no Palácio de Versailles, em Paris (ELIAS, 2014).

No primeiro capítulo, Elias critica o pressuposto da liberdade da ação individual e voluntária como parâmetro de análise sociológica. No segundo e terceiro capítulos, apresenta os princípios de organização das sociedades de corte. Uma etiqueta rigorosa somada a uma hierarquia ostensiva ao mesmo tempo que aproximava no mesmo espaço físico pessoas de diferentes *status* sociais, demarcava distinções sociais. As disposições dos aposentos no interior de uma residência habitada pela nobreza, seja no Palácio de Versailles, seja em outros locais – os *hôtels*, o Palais Royal, o Palais du

Temple –, expressavam as correlações entre aproximação espacial e distanciamento social (ELIAS, 2014: 52).

A figuração da corte requeria de seus membros uma grande capacidade de previsão e autocontrole. O rei, presa da etiqueta e das chances de prestígio, usava como estratégia de dominação o estímulo à intriga e ao ciúme entre o que Elias chama "grupos de nível". Desse modo, as tensões, lutas de concorrência e conflitos iam sendo rotinizados e estimulados sob os olhos de Luís XIV. O equilíbrio instável na balança do poder regulava-se pela codificação social da etiqueta. Na verdade, o que mantinha as pessoas juntas não era o livre-arbítrio ou o gênio de um homem singular, mas as exigências mútuas transmitidas coletivamente. Como observa Elias, esse é mais um aspecto comum entre as figurações passadas e presentes.

> A partir do Renascimento, as cortes ganharam importância crescente em quase todos os países europeus; e muito embora a corte francesa, principalmente a de Luís XIV, fosse exemplar dos arranjos detalhados das cortes europeias dos séculos XVII e XVIII, a "corte" do período era em si mesma a expressão de uma constelação social muito específica, e não mais planejada ou pretendida por qualquer pessoa ou grupo do que a Igreja, a cidade, a fábrica

> ou a burocracia – para citar outras figuras típicas ao acaso (ELIAS, 2014: 39-40).

Nos capítulos seguintes, os cerimoniais de etiqueta são apresentados como estrutura do modelo de civilidade. As tarefas domésticas ritualizadas, como a cerimônia do despertar do rei, o *lever*, evidenciam uma hierarquia muito precisa entre os participantes. Esta forma de dominação assentava-se em disputas por prestígio e favorecimento. Nas chamadas *entrées,* os movimentos dos grupos de pessoas que tinham o privilégio de participar do ritual – príncipes e princesas, filhos legítimos ou não, médicos, criados, fidalgos e senhores da nobreza – eram coordenados por regras bem marcadas de distinção social. Vejamos, na descrição do próprio Elias, no ritual do despertar do rei o funcionamento da lógica da distinção de corte:

> De manhã, geralmente às 8h, e em todo caso no horário por ele determinado, o rei era acordado toda manhã por seu primeiro criado, que dormia aos pés da cama real. As portas eram abertas pelos pajens. Um deles já havia dado a notícia ao Lord Chamberlain e ao primeiro cavalheiro de quarto, um segundo dirigia-se à cozinha da corte para providenciar o café da manhã; um terceiro ocupava seu posto diante da porta, deixando entrar apenas os senhores que tinham o direito de entrar.

> Esse direito era bastante hierarquizado. Havia seis grupos diferentes de pessoas com permissão para entrar um após outro. Falava-se então das diversas *entrées*. Primeiro vinha a *entrée familière*. Faziam parte dela sobretudo os filhos ilegítimos e os netos do rei (*Enfants de France*), príncipes e princesas de sangue, o primeiro médico, o primeiro cirurgião, o primeiro criado e o primeiro pajem (ELIAS, 2014: 91).

Em seguida, sucedia-se a *Grande entrée*, por onde desfilavam os *grands officiers de la chambre et de la garderobe* e senhores da nobreza a quem o rei havia concedido essa honra; a *Première entrée*, exclusiva para os leitores e pretendentes ao entretenimento e festividade; a *Entrée de la chambre* concomitante à *Grande Aumonier,* reservada aos ministros e secretários oficiais. A sexta entrada era a mais disputada do ritual e aberta aos filhos do rei, legítimos e ilegítimos, suas famílias e genros. Pertencer a esse último grupo era um privilégio, para os que dele faziam parte havia a permissão de entrar a qualquer hora do dia. A grande assimetria na balança de poder significava formas de restrição maior ou menor no jogo do cerimonial. Havia uma função integrativa em todo o cerimonial, como o simples ato de despir e vestir o robe, calçar os sapatos, prender a espada na roupa do rei.

Como bem observa Sabine Delzescaux (2016: 122), *A sociedade de corte* é um livro que demarca a sociologia da distinção de Norbert Elias. Cada função no cerimonial, observa ela (2016: 129), despertava o sentimento de pertencer a uma elite e, em consequência, de marcar distância social com relação aos níveis inferiores.

No regime de comportamento e emoções da classe alta, cabia a Luís XIV, o Rei Sol, manipular a etiqueta a seu favor como um instrumento de dominação, manter o autocontrole e o distanciamento social, produzindo crença nos signos de sua representação, objetivo que era atingido com auxílio da manipulação do equilíbrio de tensões, da promoção de intrigas, das disputas fomentadas e que mantinham todos em alerta. A condição aristocrática na corte de Luís XIV dependia, sobretudo, do cumprimento rigoroso da etiqueta. Não participar dos cerimoniais significaria abrir mão dos privilégios e das chances objetivas de poder (ELIAS, 2014: 95).

Como não havia separação entre as esferas privada e pública, a rotina da vida cortesã misturava intimidade, negócios e política. A indistinção entre as atividades pessoais e profissionais não estava baseada na ética econômica da burguesia, não interessava aos cortesãos orientar suas vidas por cálculos de perdas e ganhos financeiros. Em outra direção, a racionalidade que os guiava como *habitus* internalizado calculava as chances de poder por meio de jogos de aquisição de prestígio e *status*. Vivia-se da auto-observação e da observação dos outros. Para isso, era fundamental o autocontrole das emoções e o refreamento da manifestação espontânea de afeto. A força motriz revelada na lógica distintiva que modelava a economia psíquica na figuração da corte, a centralidade do *habitus* como segunda natureza, guarda aspectos da civilização que acabam por conectar o presente ao passado. Neste livro, Elias apresenta a matriz do *habitus* civilizado: o controle das pulsões e a incorporação do autocontrole são características fundamentais do comportamento civilizado.

O desenvolvimento dos conceitos, como o de racionalidade, só pode ser explicado pelo desenvolvimento das sociedades. O rei, as damas e os senhores levavam uma vida que exigia dispêndio financeiro e consumo ostentatório. As dívidas se avolumavam e as ruínas financeiras nas cortes aristocráticas abriam caminho para novos equilíbrios na balança de poder com a ascensão da burguesia.

A precisão das regras, como chama a atenção Elias, não tinha o sentido de uma organização racional moderna, mas explicitava a importância simbólica da etiqueta na estrutura social e governamental da corte. Assim, a necessária atividade de vestir-se adquiriu, na corte de Luís XIV, o sentido de atribuição de privilégio e distinção.

Mas isso não significa que o ritual prescindia de seus personagens. Luís XIV "foi um rei forte o suficiente para intervir quando necessário", preservando as funções primárias do ritual. Com o passar do tempo, a hierarquia dos privilégios passou a ser mantida pela simples competição dos indivíduos envolvidos na dinâmica, cada qual preocupado com seus pequenos privilégios e poderes conferidos, perdendo a dinâmica sua função primária, autonomizando-se. Chegada a época de Luís XVI e Maria Antonieta, a descrição do *lever* da rainha revela um ritual vazio, no qual a rainha aguarda, nua, que sua blusa passe de mão em mão, numa disputa de privilégios e honras.

A diferença do significado do ritual encontra-se tanto na estrutura psicológica quanto social, o que significa dizer que é devedora dos indivíduos que compõem a figuração, em específico da personalidade do rei, bem como da estrutura social – e, portanto, das redes de interdependência – em que está inserido. Luís XIV não teria tolerado que a etiqueta sobrepujasse o objetivo principal do ato de se vestir (ELIAS, 2014: 94), ainda que a estrutura psicológica e social que acabou produzindo esse mecanismo vazio já estivesse visível em sua época. As filhas de Luís XV participavam do *coucher* do rei muito a contragosto, mas participavam. E o faziam porque não podiam romper com a etiqueta, sua existência social estava ligada à participação obrigatória nesses rituais. A recusa em participar significaria uma humilhação e uma abdicação de privilégio.

Se Elias olha para as relações entre os envolvidos no ritual, não deixa de lado a compreensão de que esse ritual que envolvia a nobreza significava também a exclusão de todos os que não eram nobres e tinham que pagar impostos. E a exclusão de um grupo enorme de pessoas é também característica dessa figuração como forma de relação de interdependência. Em síntese, a engrenagem social da corte funcionava na base da pressão e contrapressão e estava explicitada na etiqueta.

Objeto de discussão em *Sobre o processo da civilização*, mas também em *A sociedade de corte*, o processo social de "cortização" possui, dessa forma, um lugar importante na análise eliasiana do processo da civilização, já que implicou uma remodelagem específica da economia psíquica e pulsional das elites dirigentes aristocráticas e burguesas. É, portanto, o lugar de uma transformação significativa em termos de normas de comportamento (DELZESCAUX, 2016: 52).

O código de comportamento foi paulatinamente tornando-se mais estrito e exigia um grau de consideração cada vez maior por parte de todos. É na sociedade de corte que se identifica uma forma mais "psicológica" de percepção. Partindo, portanto, da análise da corte francesa como núcleo desse processo, mas não como causa, Elias identifica a emergência de uma forma particular de *habitus* ou segunda natureza, um autocontrole automático que, em certa medida, prescinde da vigilância. As restrições impostas por uma rede cada vez mais complexa e diferenciada de relações sociais tornou-se cada vez mais internalizada, e menos dependente de instituições sociais externas para sua manutenção, donde decorre a formação do que Freud conceitua como superego (VAN KRIEKEN, 1998: 97). A emergência dessa nova estruturação psíquica, e sua difusão para outras classes sociais – e quiçá para outros países – faz da corte uma das matrizes fundamentais do *habitus* civilizado (DELZESCAUX, 2016: 52).

QUARTA LIÇÃO

Sobre o processo da civilização

Sobre o processo da civilização (2012a) é o primeiro livro publicado[10] por Elias, e tido como sua obra magna. Foi escrito quando Elias já se encontrava na Inglaterra, fugindo do nazismo que havia alguns anos se fazia presente na Alemanha. O primeiro volume foi publicado em 1939, levando alguns anos até a publicação do segundo volume.

Antes de iniciar a explanação sobre essa bela e importante obra, e visando orientar a leitura, vale um comentário prévio a respeito de sua primeira edição. Apesar da publicação em dois volumes – formato que ainda hoje persiste em várias publicações, inclusive no Brasil – o entendimento do argumento do autor apenas pode ser atingido quando a leitura envolve toda a obra (MENNELL, 1989: 32),

10. Como visto na lição anterior, o primeiro livro escrito por ele é *A sociedade de corte*, sua tese de habilitação, mas que foi publicado apenas em 1969.

entendendo-a como una. Ademais, é preciso registrar que o subtítulo do primeiro volume utilizado na edição brasileira, *Uma história dos costumes*, apareceu nessa primeira publicação por decisão do editor, quando o subtítulo proposto por Elias era *Mudanças no comportamento das classes altas seculares no Oeste* (DUNNING & HUGUES, 2013). *Uma história dos costumes* é um subtítulo que distorce o entendimento de seu conteúdo e, portanto, sugerimos desde já que o livro seja lido tendo em mente a proposta original de Elias.

Sobre o processo da civilização é um livro sobre mudanças de longo prazo em dois níveis entrelaçados: o individual e o social. Como essas mudanças aconteceram e quais foram as forças ou dinâmicas que as levaram em uma determinada direção são as principais questões que Elias busca responder ao longo do livro.

Se tomarmos como questão central abordada no livro a das mudanças não planejadas, de longo prazo, nas sociedades que as pessoas formam umas com as outras, compreendemos que Elias estava plenamente inserido no debate sociológico construído desde os primórdios da disciplina (KORTE, 2001: 23). Mas Elias buscou explicar essas mudanças ao mesmo tempo que desenvolvia uma nova fundamentação teórica para as ciências humanas. Nesse sentido, como já mencionado na lição anterior, o que ele nos oferece é uma síntese teórico-empírica (GABRIEL & MENNELL, 2011), hoje utilizada como base para a pesquisa em um amplo espectro de temas.

No nível individual, Elias analisa as mudanças na estrutura da personalidade, no *habitus* e nos padrões sociais de comportamento, enquanto no nível social o autor nos fala sobre o processo de formação do Estado (incluindo o processo de formação de monopólios Estatais centralizados relativamente estáveis e duradouros e formação do monopólio da violência legítima e da arrecadação dos impostos). Para cada um desses níveis, o autor apresenta um vasto material empírico. Já a discussão a respeito do entrelaçamento entre os dois níveis é feita a partir de uma hipótese explanatória (DUNNING & MENNELL, 2003: xviii-xvi). É justamente aqui que reside sua maior ousadia e originalidade: a demonstração do entrelaçamento entre os dois níveis – o que justifica também nossa recomendação para que os dois volumes sejam lidos em conjunto.

Vejamos o desenvolvimento da obra.

No prefácio (p. ix), Elias propõe o seguinte problema, a princípio bastante simples: se uma pessoa que vive em nossa época fosse transportada até tempos passados em sua própria sociedade, certamente veria um modo de vida muito diferente do seu, alguns costumes provavelmente lhe causariam asco, enquanto outros lhe causariam curiosidade e até atração; concluiria, então, que essa sociedade do passado não era "civilizada" no mesmo sentido e no mesmo grau que a sociedade ocidental moderna.

Perguntas a serem respondidas a partir dessa problematização: Como se deu essa mudança? Em que consiste? Quais suas forças motrizes?

O capítulo 1 é dedicado à discussão da sociogênese dos conceitos de "civilização" e "cultura" – sociogênese significa "produção social", portanto estamos falando da produção social dos conceitos de civilização e cultura.

O conceito de civilização pode ser usado para fazer referência ao nível tecnológico de uma sociedade, ao *habitus* e comportamentos da população, às ideias e costumes religiosos, aos níveis de limpeza e higiene corporal etc. Isso faz de "civilização" um conceito difícil de ser definido. Mas o que mais importa para Elias é a compreensão da função do termo, o que ele expressa: a autoconsciência do Ocidente, especialmente de seus grupos dominantes, portanto é um termo distintivo de superioridade, esse é seu significado êmico.

O conceito de civilização não foi criado de um dia para outro, mas passou por um longo processo até ser entendido como um conceito acabado, pronto – e é desse caminho (justamente a sociogênese) que trata o primeiro capítulo do livro.

O conceito de civilização possui diferentes significados para diferentes países ocidentais. Para ingleses e franceses, denotava valores do mais alto escalão, enquanto para os alemães estava mais ligado a valores de segunda classe, ou até denotava superficialidade, sendo *Kultur* (cultura) o conceito que traduzia o orgulho alemão em suas próprias conquistas e existência. Escrevendo em 1930, Elias via no conceito de civilização um autoelogio das nações francesa e inglesa, o qual justificava a missão de "civilizar os bárbaros", e, portanto, era também uma justificativa ideológica para a exploração colonial. Já o conceito alemão de cultura é entendido por ele como um autoelogio ao fato de o país ter conseguido manter suas fronteiras seguras, ter construído uma identidade nacional forte – e, ao mesmo tempo, não ter conseguido levar adiante um projeto colonialista.

Tratando mais especificamente da França, Elias mostra como o conceito de civilização – o qual se seguiu aos de cortesia e civilidade – apareceu como um conceito utilizado pela *intelligentsia* burguesa pertencente à sociedade cortesã. O conceito apareceu pela primeira vez em 1760, nos escritos de Mirabeau, um fisiocrata, quem derivou do conceito de *homme civilisé* (utilizado pela nobreza para designar as qualidades de seu próprio comportamento refinado, suas maneiras) uma característica geral da sociedade: civilização.

À época, a monarquia absolutista estava em declínio e os reis já não governavam arbitrariamente, eram muito mais prisioneiros de processos sociais e grupos da corte[11]. A fisiocracia constitui uma das manifestações teóricas dessas lutas internas, consistindo em um sistema de reforma política e social. Nesse momento, duas ideias estão fundidas no conceito de civilização: uma contraposição a outro estágio da sociedade, o da barbárie, e que encontrava sua expressão aristocrática nos termos *politesse* e *civilité*; e o entendimento de que os povos não estavam ainda suficientemente civilizados. Pouco à frente, final do século XVIII e século XIX, o uso da palavra *civilisation* mostra que o *processo* da civilização não estava mais em questão, mas que, pelo contrário, as pessoas acreditavam que esse processo já estava finalizado (e que a França representava *a* civilização!).

Esse primeiro capítulo traça, portanto, a sociogênese do conceito de civilização, o que significa traçar a origem e as transformações do conceito a partir das dinâmicas sociais em que está inserido – no caso, o que adquire predominância é a dinâmica de classes interna à sociedade francesa e, após a revolução, o entendimento de que a nação francesa se

11. Essa questão foi abordada na lição que trata de *A sociedade de corte*.

entendia como *a* nação civilizada, e cumpria a ela civilizar outros espaços. Em sua acepção êmica, civilização é um conceito relacionado a diferenciais de poder e a sentimentos e percepções tanto intragrupo (entre as diversas classes sociais) quanto entre grupos (nações).

No capítulo 2, Elias se debruça sobre transformações no comportamento humano, principalmente no que diz respeito às *boas maneiras*, abarcando mudanças nas maneiras associadas à mesa, à forma de comer, as atitudes em relação às funções corporais, o comportamento no quarto de dormir etc. Contrariamente ao que uma leitura mais superficial pode levar a concluir, analisar boas maneiras não é uma questão de "perfumaria". Transformações nos costumes (ou maneiras) implica transformação nos sentimentos, emoções e na própria estrutura da personalidade[12]. O olhar de Elias está voltado para o entendimento do entrelaçamento entre sociogênese e psicogênese, ao mesmo tempo que identifica os direcionamentos das transformações.

Elias utiliza diversas fontes de dados empíricos, mas principalmente o livro de boas maneiras

---

12. Elias já indica aqui sua principal crítica a Freud, autor que admira enormemente: a falta de historicidade da teoria psicanalítica, sendo necessário compreender a formação progressiva da estrutura da personalidade descrita por ele (CHARTIER, 1985; ELIAS, 2010b).

de Erasmus de Rotterdam, *Sobre civilidade nos meninos*, destinado à classe alta secular. Publicado em 1530, esse livro teve mais de 130 edições, publicadas até o século XVIII, e foi traduzido em todas as principais línguas europeias. Elias compreende os preceitos contidos no trabalho de Erasmus como incorporações da estrutura mental e emocional da classe alta secular da Idade Média (FLETCHER, 1997: 12).

Os termos cortesia, civilidade e civilização explicitam uma série temporal: o termo cortesia emerge no período medieval/feudal; o de civilidade no período da Reforma ou Renascimento; e o de civilização (da qual ele já falou no primeiro capítulo) vem em seguida.

Cortesia é o conceito que representa o padrão de bom comportamento na Idade Média, dando expressão à autoimagem da classe alta secular, ao menos de alguns de seus principais grupos. Em comparação a épocas posteriores, chama a atenção de Elias a simplicidade ou ingenuidade presente nesses códigos, sendo menos numerosas as nuanças psicológicas e as complexidades de pensamento. "Há amigos e inimigos, desejo e aversão, gente boa e má" (ELIAS, 1994: 76).

No que tange ao conceito de civilidade, é importante sublinhar que Elias não trata Erasmus como agente da mudança, mas muito mais como *instigador* do conceito. Seu tratado de boas maneiras "deu nova nitidez e força a uma palavra muito antiga e comum, *civilitas*. Intencionalmente ou não, ele obviamente expressou na palavra algo que atendia a uma necessidade social da época" (ELIAS, 1994: 68). Os tratados de boas maneiras da Renascença fazem, assim, uma espécie de ponte entre os da Idade Média e os tempos modernos, transição percebida por Elias não tanto na mudança de regras, mas principalmente no tom utilizado, na maneira de ver o mundo. À época do Renascimento, o tom não é mais o de impessoalidade, mas o de alguém que fala a partir de experiência própria. A *civilidade* introduz a necessidade de observação ao próprio comportamento e ao do outro.

O que Elias está anunciando é a "coação social à autocoação", o que fica ainda mais claro algumas páginas à frente, quando afirma que a maneira polida, gentil e atenciosa de corrigir alguém, sobretudo quando exercida por um superior, é um meio muito mais forte de controle social, e um meio também muito mais eficaz para inculcar hábitos duradouros se comparado ao insulto, à zombaria ou ameaça de violência física (ELIAS, 1994: 93)[13].

---

13. Essa questão, que remete à discussão da formação das instâncias individuais de autocontrole – e, portanto, à formação de uma nova estrutura de personalidade – aparece também no verbete *Civilização*, escrito em 1986, para o qual remetemos o leitor (ELIAS, 2006).

É a partir desse aumento da pressão que as pessoas exercem reciprocamente umas sobre as outras que Elias identifica a passagem, efetivamente, do período medieval para o Renascimento, a consolidação de um novo mecanismo de controle das emoções. A relação entre sociogênese e psicogênese é, portanto, de entrelaçamento. O processo de formação de novos padrões de boas maneiras, originado inicialmente em um "pequeno círculo", foi lentamente estendido a toda a sociedade, e instilado de cima para baixo. Esse processo de longo prazo é hoje repetido no processo de socialização das crianças, de forma que, ao ser forçado no mesmo molde e na mesma direção, é percebido como algo que praticamente vem de dentro, implantado nelas pela natureza. Os novos padrões de comportamento deixam de ser vistos como compulsões externas, mas tornam-se autocoações, o que é justamente uma característica dos processos civilizadores (KORTE, 2001: 26).

Passamos agora aos exemplos retirados de livros de boas maneiras e citados por Elias. Em um primeiro "bloco temático", Elias apresenta e comenta exemplos de boas maneiras à mesa, passando em seguida para um segundo "bloco temático", atitudes em relação a funções corporais e relações entre os sexos. É importante perceber o fluxo do texto: Elias continua insistindo na relação de entrelaçamento entre psicogênese e sociogênese. Mas, se quando fala do comportamento à mesa, enfatiza a formação de sentimentos de vergonha e repugnância, ao falar sobre as funções corporais, a ênfase recai sobre a separação paulatina dos espaços público, privado e íntimo. São justamente esses movimentos que ele vai retomar, na sinopse, como direcionamentos do processo da civilização.

A explicação a respeito da motivação das mudanças relativas às boas maneiras é encontrada na dinâmica das classes sociais. A fim de distanciar-se das outras classes sociais, a classe superior cria novos padrões de comportamentos, padrões esses que, com o passar do tempo, são adotados pelas outras classes. Mas Elias enfatiza também o papel dos processos não planejados nesse processo de mudança, principalmente o que chama de "democratização funcional": a mudança nos costumes deve-se principalmente à correlação entre o aumento no nível de interdependência entre as pessoas, aumento no nível de consideração para com os outros e ainda um aumento no nível de identificação mútua entre as pessoas. Com o passar do tempo e a maior flexibilidade na hierarquia social, e, portanto, com o aumento da igualdade e da dependência entre as pessoas, o autocontrole passa a ser cada vez mais inconsciente, tornando-se *habitus*.

Assim, a renúncia aos impulsos e às emoções é motivada menos pela presença de superiores e mais em função do crescimento das redes de interdependência social, da divisão do trabalho, do mercado e da competição (MENNELL, 1989: 49). Aqui encontramos a relação entre o primeiro e o segundo volumes: a mudança nos padrões de comportamento social não está relacionada apenas a uma dinâmica de classes, mas a dinâmica de classes está, por sua vez, relacionada à formação do Estado Moderno e do consequente crescimento da democratização funcional.

Ainda no segundo capítulo, Elias trata da agressividade, introduzindo mais abertamente sua discussão sobre o papel do Estado. Encontramos nesse capítulo uma formulação muito importante a respeito da relação entre autoridade central e contenção da violência:

> [...] se nessa região ou naquela o poder de uma autoridade central crescia, se em uma área maior ou menor as pessoas eram forçadas a viver em paz entre si, a modelação das emoções e os padrões da economia dos instintos lentamente mudavam (p. 199).

A longa análise feita no terceiro capítulo de *Sobre o processo da civilização* mostra o processo de formação do Estado desde a Idade Média até os séculos XVI e XVII. No período que vai da Antiguidade ao Feudalismo houve uma predominância de forças centrífugas e uma tendência à desintegração dos reinos, formando pequenos territórios regidos por um poder central cada vez mais enfraquecido.

Isso foi seguido por processos de formação do Estado, quando forças centrípetas prevaleceram: a tendência passou a ser a aglomeração de unidades menores em outras mais extensas, dominadas por um poder central forte.

Três diferentes mecanismos entraram em ação nesse momento:

1) O mecanismo monopolista (relacionado ao aumento da centralização dos meios de violência legítima e de cobrança de impostos nas mãos de uma pessoa que legisla e controla cada território, bem como o aumento do tamanho do território através da guerra).

2) O mecanismo real (monopólios mais estáveis implicaram mais poder para a coroa, o que levou à formação das monarquias absolutistas dos séculos XVII e XVIII).

3) A mudança nos monopólios, de privados a públicos (momento em que o controle sobre a riqueza, antes centralizado e monopolizado por poucas pessoas, passa para as mãos de muitos e, finalmente, se torna função de uma rede de interdependência).

Em outras palavras, Elias explica sociologicamente a formação do Estado, a qual envolve tanto a monopolização da violência legítima quanto da cobrança de impostos. Ambos os monopólios estão ligados entre si, os meios financeiros arrecadados pela autoridade sustentam o monopólio da força militar, o que, por seu lado, mantém o monopólio da tributação (p. 301ss.). Dando um passo além do que Elias discutiu no PC, podemos pensar que, além do financiamento do próprio monopólio da violência legítima, o Estado também age a partir, por exemplo, de incentivos e sansões, definindo o legal, o aceitável e o desejável. É por meio dos impostos – do dinheiro arrecadado – que o governo distribui recursos e oportunidades.

Para Elias, o processo da civilização europeia tomou algumas direções que estão claramente definidas na sinopse do livro. As principais delas: mudança na balança de equilíbrio entre coações externas e autocoação em favor da última; desenvolvimento de um padrão social de comportamento e sentimento, o qual gera a emergência de um autocontrole ainda mais estável, completo e diferenciado; aumento do escopo de identificação mútua entre as pessoas (FLETCHER, 1997: 82). São também identificadas como direcionamentos do processo da civilização: o aumento da pressão pelo desenvolvimento da previsão e do autocontrole; processos de psicologização e racionalização; o avanço nos limiares de vergonha e repugnância; a redução dos contrastes na conduta entre grupos superiores e inferiores e aumento nas variações ou nuances da conduta civilizada; mudanças no conhecimento humano de uma perspectiva mais envolvida para uma mais distanciada.

Se o processo de formação do Estado está entrelaçado aos processos de divisão das funções socioeconômicas, à transição da economia de troca para a monetária, ao aumento da divisão do trabalho, às trocas, à urbanização, e, portanto, ao aparecimento das classes médias, está também entrelaçado à transformação das estruturas psicológicas. Assim, o comportamento de planejamento toma o lugar da luta. Contribuem para tanto o monopólio estatal da violência, que permite olhar o longo prazo e manejar cadeias mais longas de ação, e o refrear dos afetos, que possibilita o alargamento do escopo do pensamento e da ação (KORTE, 2001: 28-29).

De forma resumida, o processo da civilização diz respeito a mudanças de longo prazo tanto no comportamento das pessoas quanto nas figurações que formam umas com as outras. A força motriz das mudanças é sempre a competição entre indivíduos interdependentes, ou grupos de pessoas, pelo poder. O medo de perda de prestígio ou *status*, por exemplo, é entendido como uma das principais razões para transformação da coação exterior em autocoação (KORTE, 2001: 29). Esse ponto – a relação entre a luta por distinção e a internalização das coações exteriores e formação da estrutura psíquica do indivíduo civilizado –, como já mostramos na lição anterior, é analisado por Elias de forma primorosa em *A sociedade de corte* e, por esse motivo, retomaremos a discussão na próxima lição.

Finalizando, podemos afirmar que o que determina o direcionamento do processo da civilização é, portanto, a interdependência entre os indivíduos, impondo uma ordem *sui generis*. Nesse sentido, e retomando a discussão posta na Segunda lição a respeito das bases da sociologia figuracional, é importante ressaltar que, para Elias, o centro da pesquisa sociológica deve ser sempre os seres humanos e as redes sociais que formam uns com os outros (KORTE, 2001: 29).

QUINTA LIÇÃO

Os estabelecidos e os *outsiders*

Os estabelecidos e os outsiders*: sociologia das relações de poder a partir de uma pequena comunidade* (2008) resulta de um estudo feito por Norbert Elias e John L. Scotson na década de 1950, publicado em 1965. Lido e utilizado por cientistas sociais de variadas linhagens teóricas, com ampla aceitação na área da antropologia, o livro foi escrito a partir da dissertação de mestrado de John Scotson, intitulada *A comparative study of two neighbourhood communities in South Wigston*[14].

Winston Parva era formada por três bairros bem delimitados – a Zona 1 era a mais rica, as Zonas 2 (a "aldeia") e 3 (o "loteamento") eram compostas por famílias de trabalhadores. Ainda que a teoria sociológica hegemônica à época, que via na

---

14. Para uma discussão a respeito da produção do livro e considerações a respeito da pesquisa realizada, cf. Goodwin; Hughes & O'Connor, 2016.

classe econômica o principal fator de diferenciação social, indicasse a similaridade entre as zonas operárias e diferenças mais marcantes com o bairro de classe média, Elias e Scotson entenderam que a oposição maior era entre as Zonas 1 e 2 com a Zona 3. O estudo do desenvolvimento de Winston Parva foi fundamental para que identificassem ali esse importante problema sociológico.

A pequena comunidade estudada, situada nos subúrbios de Leicester, área central da Inglaterra, teve sua origem na década de 1880, quando 700 casas, todas iguais, foram construídas. Essa área – a "aldeia" – foi denominada Zona 2. As famílias que ali habitavam compartilhavam de um sentimento de pertencimento, e reconheciam-se enquanto comunidade.

A Zona 1 foi construída nas décadas de 1920 e 1930, por construtores locais. Ali passaram a habitar famílias de profissionais liberais e comerciantes, bem como de operários especializados e prósperos da Zona 2 que haviam acumulado certa riqueza. Como algumas famílias passaram a ter ramificações tanto na Zona 1 quanto na 2, essa área passou a constituir uma espécie de classe alta da "aldeia" e de toda Winston Parva.

Já a Zona 3 foi construída na década de 1930, por uma empresa particular de investimentos, em área que entendia-se ser pantanosa e infestada de ratos. Apesar de aluguéis atrativos, boa parte das casas ficou sem inquilinos até 1939, quando passou a receber famílias de recrutas do posto de treinamento militar da região e, posteriormente, desabrigados de bombardeios, pessoas provenientes de Londres, bem como de outras partes da Grã-Bretanha.

A Zona 1 era então a parte mais rica, bairro de moradores de classe média. Entre as Zonas 2 e 3 não havia diferença significativa em termos de nacionalidade, ascendência étnica, cor ou raça, tipo de ocupação, renda, nível educacional, ambas eram áreas de trabalhadores. A diferença mais marcante era mesmo que os membros dos grupos mais antigos se viam como pessoas melhores, dotados de um carisma grupal, de virtudes. Mais ainda, faziam com que os outros se vissem como carentes de virtudes e humanamente inferiores.

A pergunta sociológica de Elias e Scotson era justamente esta: como é que os membros de um grupo mantêm entre si a crença de que são mais poderosos e seres humanos melhores do que os de outro grupo, ao mesmo tempo que impõem essa mesma crença aos menos poderosos? Que meios utilizam para impor essa crença? (ELIAS & SCOTSON, 2008: 2).

Para a pesquisa, variadas técnicas foram utilizadas, tais como etnografia, observação participante, entrevistas, análise espacial das zonas e bairros de

Winston Parva, análise documental e dados quantitativos. Os dados quantitativos foram utilizados no sentido de verificar se as variáveis geralmente relacionadas a diferenças estruturais (diferenças profissionais ou de renda, por exemplo) eram suficientes para explicar as diferenças de *status* entre os dois bairros operários (Zonas 2 e 3), concluindo serem eles muito similares. Etnografia e observação participante são métodos de pesquisa que respondem muito bem a problemas sociológicos em que há necessidade de compreender a própria interação. A realização de entrevistas e a análise da fala dos entrevistados complementou o quadro, visando sempre a compreensão do caráter relacional, não sendo a fala tomada como algo desconectado da dinâmica da figuração em que se insere. A análise de dados quantitativos e qualitativos são, portanto, complementares – nas palavras dos autores, "sem o uso das palavras como instrumentos de pesquisa, os números ficam mudos" (ELIAS & SCOTSON, 2008: 52).

A principal diferença entre os grupos estudados em Winston Parva era mesmo o tempo de residência na cidade. Os habitantes da "aldeia" faziam pressão uns sobre os outros no sentido de impedir que atritos ou sinais de insatisfação fossem revelados a membros do bairro operário, premiando a adesão à crença coletiva no alto valor da "aldeia" e externando uma coesão grupal forte (ELIAS & SCOTSON, 2008: 76-77).

A organização familiar, as associações locais (clubes, igrejas, *pubs* etc.) e a delinquência juvenil são temas tratados no livro e que demonstram os atritos entre membros e grupos das diferentes zonas geográficas e exemplificam a dinâmica de estigmatização dos habitantes da Zona 3. É a partir do estudo desses temas, mas não apenas, que Elias e Scotson compreendem a dinâmica das relações tanto intragrupos quanto entre os grupos – dinâmica na qual as fofocas ocupavam um importante papel.

A ocupação de posições de poder é precondição em qualquer processo de estigmatização de um grupo *outsider* por um grupo estabelecido, sendo o rótulo de "valor humano inferior" uma das armas geralmente utilizadas por grupos estabelecidos. Importante sublinhar que esse não é um processo de mão única, e o estigma social imposto costuma penetrar na autoimagem do grupo estigmatizado, enfraquecendo-o e desarmando-o. Tampouco esse é um processo necessariamente definitivo ou sem volta: quando as condições mudam ou até se invertem, quando um grupo não mais consegue manter seu monopólio das principais fontes de poder, diminuindo, portanto, a desigualdade da balança de poder, os antigos grupos *outsiders* podem apelar para a contraestigmatização.

Também é importante esclarecer o efeito da mecânica da estigmatização nos membros individuais do grupo dominante. Todos os que estão inseridos no grupo dominante participam do carisma grupal, e pagam um preço por esse pertencimento: a submissão às normas específicas do grupo, preço que tem que ser individualmente pago pela sujeição de sua conduta a padrões específicos de controle dos afetos. A opinião interna dos outros membros do grupo tem uma influência grande sobre o indivíduo, que a sente como força reguladora de seus sentimentos e de sua conduta, chegando a ter a função e o caráter de consciência do próprio indivíduo. Essa questão será retomada no ponto 2 abaixo.

Já os *outsiders* são vistos como anômicos, pessoas que põem em risco o respeito às normas e tabus coletivos do grupo estabelecido, bem como, e consequentemente, podem afetar o orgulho e a identidade dos membros desse grupo. Isso significa que o contato mais íntimo com eles é visto como desagradável.

Elias insiste em que a estigmatização de *outsiders* exibe alguns traços comuns numa vasta gama de configurações de estabelecidos-*outsiders*. A anomia é talvez a censura mais frequente feita a eles, é comum que os *outsiders* sejam vistos como indignos de confiança, indisciplinados e desordeiros. A sujeira é outra característica comumente imputada aos *outsiders*. De qualquer forma, há configurações em que a desigualdade de forças na relação estabelecidos-*outsiders* é mais forte, e aqui os membros do grupo *outsider* incorporam os valores do grupo dominante. Quando essa relação não é tão desigual, a deferência e o sentimento de inferioridade são mais moderados.

Por fim, questão de suma importância para Elias é o entendimento de que a dinâmica da relação estabelecidos-*outsiders* se dá a partir da vinculação entre os grupos, a despeito de muitas vezes a sociologia tratar essas relações como questões "raciais" ou "étnicas", dando a entender que são atos ideológicos de evitação.

> O relacionamento entre a comunidade proletária mais antiga e a mais nova de Winston Parva mostrou o preconceito *in situ*, em seu contexto social, como mais um aspecto das crenças sociais de um grupo estabelecido em defesa de seu *status* e poder contra o que é sentido como um ataque dos *outsiders* contra eles. Hoje em dia, é mais comum estudar e conceitualizar "preconceito" isoladamente. A configuração em que ele ocorre é comumente percebida apenas como um "pano de fundo". Em Winston Parva, ele foi encontrado como um elemento integrante de uma dada configuração. Essa diferença talvez ajude a ilustrar o que se pretende dizer com "abordagem configuracional" (ELIAS, 2008: 185).

Em outras palavras, na abordagem eliasiana, "preconceito" não é algo que existe em separado, mas precisa ser compreendido como parte integrante da figuração em que está inserido. Ou seja, faz parte das relações de interação, interdependência e poder dos indivíduos que compõem a figuração.

No *Os estabelecidos e os outsiders*, encontramos, dessa forma, algumas questões teóricas importantes, as quais pontuamos aqui.

1 Relações de poder e balança de poder

A pesquisa sobre os estabelecidos é, antes de tudo, um estudo sobre poder e relações de poder.

O poder, tal como Elias o compreende – não algo que uma pessoa detém, uma coisa, mas uma característica estrutural das relações –, está presente em toda e qualquer relação humana, desde relações envolvendo bebês e seus pais (ELIAS, 1998) até relações entre senhores e escravizados, passando por relações entre amigos, colegas de trabalho, vizinhos, casais, bem como relação entre Estados, entre grupos corporativos e entre partidos políticos. Em suas obras, Elias fala em *equilíbrio de poder* e *mudanças na balança de poder*[15] (ELIAS, 2010a), enfatizando não apenas o caráter relacional, mas processual implícito.

---

15. Cf. a Segunda e a Sexta lições.

O estudo conduzido em Winston Parva é um estudo das relações estabelecidas entre indivíduos pertencentes a um mesmo grupo (relações intragrupo) – donde a importância de discutir coesão interna e controle comunitário por meio da coação externa à autocoação (cf. tópico 2 abaixo) – e entre indivíduos pertencentes a diferentes grupos.

Ao buscar compreender essa dinâmica, Elias enxerga as limitações das teorias que explicam os diferenciais de poder em função da posse monopolista de objetos não humanos (armas ou meios de produção). No *Estabelecidos*, os autores mostram que as relações estão sempre impregnadas por questões de poder; melhor, qualquer relação é sempre uma relação de poder. Graças ao potencial de coesão interna ao grupo e à ativação desse potencial por meio do controle social é que os antigos residentes conseguiam reservar cargos importantes para seu próprio grupo, e deles excluir os moradores das outras áreas. A fofoca era uma das principais "armas" utilizadas pelo grupo estabelecido, excluindo e estigmatizando os outros grupos. Não há posse do poder, portanto, assim como não há um planejamento racional de controle. A manutenção do lugar de superioridade se dá a partir da dinâmica da figuração, das relações entre os grupos.

2 Coação social à autocoação e formação do *habitus*

A relação entre indivíduo e sociedade, sociogênese e psicogênese, passando pela discussão sobre *habitus* ou segunda natureza é uma das discussões caras a Elias, permeando suas obras mais importantes. O trabalho realizado em Winston Parva permite compreender melhor algumas afirmações colocadas por Elias em obras de caráter mais geral, como *Sobre o processo da civilização* ou *Os alemães*. No PC, Elias fala sobre a formação do *habitus* e também das estruturas da personalidade (ego e superego) por meio da *coação externa à autocoação.*

Os grupos ligados entre si sob a forma de uma figuração estabelecidos-*outsiders* são compostos por seres humanos individuais. O problema é entender como e por que os indivíduos percebem uns aos outros como formando um "nós", ao mesmo tempo em que excluem outros seres humanos a quem passam a se referir como "eles".

Retomando o histórico da ocupação de Winston Parva, Elias e Scotson identificam que o grupo estabelecido já vivia ali havia algumas décadas e, portanto, as pessoas compartilhavam certa intimidade emocional, sentimentos, memórias. Possuíam uma coesão que os recém-chegados não tinham. Ao não perceberem isso, os recém-chegados não puderam compreender as razões da exclusão e da estigmatização. Por sua vez, os membros do grupo estabelecido só conseguiam explicar suas ações em termos de sentimentos imediatos, de sua sensação de pertencimento a uma parte superior da vizinhança.

Elias discute, assim, a coesão grupal como força reguladora dos sentimentos e condutas individuais – e, portanto, a relação entre grupo e formação da personalidade, entre coação externa e autocoação. O pertencimento ao grupo e as relações com os demais integrantes contribui para a formação da consciência individual – o membro de um grupo estabelecido pode ser indiferente à opinião de membros de grupos *outsiders*, mas não é indiferente à opinião de seus pares. A autoimagem e a autoestima do indivíduo estão, assim, ligadas ao que seus pares pensam dele.

Vemos em *Estabelecidos,* portanto, uma demonstração empírica da absoluta impossibilidade de separar conceitualmente indivíduo e sociedade – questão sociológica fundamental abordada de forma mais teórica no *A sociedade dos indivíduos* (2010a). Durkheim tentou demonstrar a predominância do social sobre as consciências individuais, principalmente em grupos em que prevalecia a solidariedade mecânica. Para Elias, há também um "social", entre aspas, algo que contribui para a formação da personalidade, das crenças e do *habitus*. Mas esse social não está para além do indivíduo, como em Durkheim, mas é a própria figuração formada pelos indivíduos e pelos grupos dos quais é parte.

3 O modelo estabelecidos-*outsiders* e o processo da civilização

Ao se propor ao estudo da pequena comunidade de Winston Parva, os autores a tomam como um "paradigma empírico", quer dizer, local em que problemas encontrados em unidades sociais mais complexas podem ser visualizados de forma mais minuciosa, permitindo a construção de um modelo explicativo que se considera universal – modelo que então deve ser testado, ampliado e até revisto por meio da pesquisa em figurações correlatas em maior escala (ELIAS & SCOTSON, 2000: 20-21). Relações raciais, étnicas, de gênero, entre religiões, entre países, de idade, de classe social, em suma, relações que impliquem grande desigualdade na balança de poder podem ser iluminadas a partir desse modelo.

O posfácio à edição alemã, escrito pouco antes de sua morte, em 1990, e que integra a edição brasileira, segue a mesma linha argumentativa: uma reflexão acerca do alcance da relação estabelecidos-*outsiders*. Nesse texto, Elias enfatiza uma questão muito discutida em *Sobre o processo da civilizaç*ão, mas que talvez possa passar despercebida no *Estabelecidos*: a relação com o estágio no desenvolvimento social da organização da violência física, questão que vem à tona ao comparar as figurações estabelecidos-*outsiders* em Winston Parva e em Maycomb, comunidade retratada no livro *To kill a mockingbird*, de Harper Lee. No caso do romance, a relação é entre brancos e negros, no sul dos Estados Unidos, à época de organizações racistas do gênero do Ku Klux Klan, quando todos os homens brancos tinham acesso a armas de fogo, o que era negado aos negros, que sequer podiam encontrar proteção legal em caso de violências cometidas por brancos. A principal diferença entre as duas figurações diz respeito ao monopólio da violência e dos impostos e, portanto, ao estágio no processo da civilização.

De forma ampla, o embate entre grupos estabelecidos e *outsiders* pode ser compreendido também como parte da história do processo da civilização ocidental, o qual não deve ser reduzido às lutas que redundaram na queda dos senhores feudais, tampouco resumido às disputas entre as classes aristocráticas e burguesas. O modelo teórico estabelecidos-*outsiders* joga luz nos conflitos sociais que dividem os seres humanos e os colocam uns em oposição aos outros, possibilitando analisar as lógicas distintivas que formam a base da autojustificação para processos de estigmatização e discriminação que envolvem graus diversos de violência simbólica, psicológica ou física (DELZESCAUX, 2016: 185-186).

Sexta lição

A sociedade dos indivíduos

O par conceitual *indivíduo e sociedade* é um tópico clássico da teoria sociológica, clássica e contemporânea. A obra de Norbert Elias reorienta essa discussão, colocando-se firmemente em oposição à ideia de *homo clausus*, do indivíduo autônomo e independente em relação ao social, e da mesma forma opondo-se ao entendimento do indivíduo determinado pelo social. O autor trabalha justamente entre esses dois polos, pensando indivíduos e processos de individualização em redes de interdependência, e sociedades como agrupamentos de indivíduos interdependentes – daí o título de um de seus livros, não *A sociedade* e os *indivíduos, mas A sociedade* dos *indivíduos* (2010a). Neste e em *O que é sociologia?* são trabalhadas questões relacionadas ao par conceitual indivíduo e sociedade, as quais Elias resolve com o uso dos conceitos de figuração e processo (conceitos já apresentados na Segunda lição). Nesta lição, aprofundaremos essa discussão a partir do uso dos pronomes nominais como modelos figuracionais e do conceito de balança nós-eu, temas tratados nos dois livros citados.

Em continuidade aos modelos de jogo, já mencionados na Segunda lição, em *O que é sociologia?* Elias apresenta a proposta teórico-analítica de que pronomes pessoais sejam vistos também como modelos figuracionais, discussão que reaparece em *Mudanças na balança nós-eu* (capítulo 3 de *A sociedade dos indivíduos*), colocando em pauta mudanças na identidade-eu e identidade-nós dos indivíduos.

Para o autor, um dos modelos mais ricos encontrados na linguagem cotidiana está no uso de pronomes pessoais para a formação de conceitos não reificados (ELIAS, 2012b: 118):

> O pronome "eu" é geralmente usado para comunicar aos outros que uma certa afirmação se refere à pessoa que fala. Mas numa utilização científica é transformado abruptamente num substantivo e, dado o hábito predominante de discurso, parece referir-se a uma pessoa independente e isolada. [...] Compreende-se facilmente que a posição individual neste conjunto de relações não possa ser tratada separadamente. A função que o pronome "eu" desempenha na comunicação humana só pode ser compreendida no contexto de todas as outras posições relativamente às quais se referem os outros termos da série. As seis posi-

> ções são absolutamente inseparáveis, não é possível imaginar um "eu" sem um "tu/você", ou um "ele" ou "ela" sem um "nós", "vós/vocês" ou "eles".
>
> Os pronomes pessoais representam o conjunto elementar de coordenadas pelas quais todos os agrupamentos humanos ou sociedades podem ser traçados. Ao comunicarmo-nos direta ou indiretamente, referimo-nos a nós mesmos como "eu" ou "nós" e designamos por "você" ou "vocês" aqueles com quem se está comunicando no momento. A terceira pessoa que, de um modo temporário ou permanente, fica fora do grupo de comunicação, é designada por "ele" ou "ela", ou no plural por "eles" ou "elas".

Distanciando-se do entendimento de posições sociais como papéis, em que posições como pai-mãe-filha-filho ou subalterno referem-se sempre à mesma pessoa, os pronomes pessoais podem ser utilizados, numa mesma situação, para fazer referência a várias pessoas. A proposta de Elias é, assim, que os pronomes pessoais sejam entendidos como relacionados e funcionais, exprimindo uma posição relativa àquele que fala e a todo o grupo que comunica. São, dessa forma, uma expressão elementar de que cada indivíduo se relaciona com os outros e que cada um é, assim, essencialmente um ser social:

> A nossa discussão sobre o significado da série de pronomes pessoais leva imediatamente a uma transição fácil da imagem do ser humano como *homo clausus* à de *homines aperti.* Também nos ajuda a compreender algo mais – que o conceito de indivíduo se refere a pessoas interdependentes no singular, e o conceito de sociedade a pessoas interdependentes no plural (ELIAS, 2012b: 136).

O uso de pronomes pessoais como modelos figuracionais indica que o hábito de descrever o "eu" real como se residisse em algum lugar da pessoa individual e isolado dos outros a quem chamamos de "tu", "nós", "eles" ou "elas" é pouco adequado às situações humanas. Da mesma forma, o uso desse modelo demonstra que a utilização de conceitos que se referem a objetos isolados e estáticos não fazem justiça ao fato de que as relações entre pessoas são uma questão de perspectiva. Assim, a relação A-B compreende, na realidade, a relação A-B vista sob a perspectiva de A e a relação B-A vista sob a perspectiva de B.

Quando se utiliza o conceito de *função* em sociologia, geralmente está se fazendo referência à função que uma determinada instituição desempenha *para* a sociedade. Mas, nos lembra Elias, do ponto de vista daqueles que as constituem, as instituições desempenham diversas funções, incluindo a função para com seus membros. Há, portanto, uma "função de eu", assim como uma "função de ele".

O exemplo utilizado como ilustração é o do governo de Luís XIV, retomando discussão feita em *A sociedade de corte*. Na França de Luís XIV, diz ele, o ofício do rei desempenhava uma função para o próprio Luís XIV que tinha precedência sobre a sua função para a França, contrário ao que se espera em épocas mais recentes, quando, em razão do processo de democratização crescente, a função que os cargos governamentais desempenham numa sociedade-estado tem precedência sobre a função que têm para aqueles que os ocupam, embora esta não desapareça completamente (ELIAS, 2012b: 122).

Em *Mudanças na balança nós-eu*, parte III de *A sociedade dos indivíduos* (2010a), Elias retoma a discussão sobre os pronomes pessoais, falando agora em identidade-eu e identidade-nós e em balança ou equilíbrio entre identidade-eu e identidade-nós. Entendendo que o uso antitético dos conceitos de indivíduo e sociedade é recente na sociedade ocidental, o autor inicia o ensaio traçando a sociogênese de ambos, assim como o fez com os conceitos de cortesia, civilidade e civilização em *Sobre o processo da civilização*. Elias considera que o desenvolvimento dos conceitos é um aspecto do desenvolvimento social, e, portanto, seu estudo cumpre também uma função explicativa. Segundo ele, a família de conceitos relacionados ao substantivo indivíduo data da época do Renascimento, quando as pessoas puderam ascender de suas comunidades tradicionais a posições sociais mais elevadas – humanistas, comerciantes, artistas são exemplos do aumento das oportunidades sociais de progresso individual. É, portanto, apenas no século XVII que aparece a distinção entre o que era feito individual e coletivamente. Posteriormente, no século XIX, aparece a formação de vocábulos como individualismo, por um lado, e socialismo e coletivismo, por outro, contribuindo para o entendimento corrente de que indivíduo e sociedade formam um par antitético (ELIAS, 2010a: 145).

Até a Segunda Guerra Mundial, afirma ele, o conceito de sociedade costumava referir-se às sociedades organizadas como Estados, ou como tribos – assim, ainda que os sociólogos costumassem se referir a *sociedade* e *Estado* como dois conceitos diferentes, a sociedade da qual falavam costumava ser a sociedade limitada pelas fronteiras estatais. Essa coincidência entre sociedade e Estado correspondia à realidade social: as distâncias entre os centros urbanos eram longas, as comunicações ainda limitadas. A interdependência entre Estados também muito limitada, adensando-se apenas ao longo do século XX, sem que as pessoas se dessem muito conta disso.

No decorrer do século XX, os Estados passaram a depender cada vez mais uns dos outros, dependência que pode ser mantida pelo exercício da ameaça unilateral ou mútua de violência ou pelo uso direto da violência, ou ainda por meio da difusão de modelos de autocontrole e de outros aspectos comportamentais e afetivos que emanam de alguns centros, da transferência de modelos linguísticos ou culturais, por exemplo.

Ao discorrer sobre o aumento de interdependência entre os Estados, Elias retoma discussão já feita em *Sobre o processo da civilização*, a respeito do entrelaçamento entre essas mudanças no nível macro e mudanças na estrutura da personalidade:

> A cada transição de uma forma menos populosa, menos diferenciada e menos complexa das organizações de sobrevivência predominantes para uma forma mais populosa e mais complexa, a posição de cada indivíduo em relação à unidade social que compõem em conjunto – em suma, a relação entre indivíduo e sociedade – modifica-se de modo característico. Se tentássemos apresentar a direção dessa mudança de maneira um tanto simplificada para torná-la passível de investigações mais detalhadas, diríamos que o avanço para uma nova forma dominante de um tipo mais complexo e mais abrangente de organização humana caminha de mãos dadas com uma nova mudança e um padrão

> diferente de individualização. Os cânones comportamentais e especialmente o escopo de identificação entre uma pessoa e outra modificam-se de maneira específica com a transição para um novo estágio de integração. A margem de identificação aumenta (ELIAS, 2010a: 151).

Para discutir com mais propriedade as diferenças na relação entre a pessoa singular e a sociedade nos diversos estágios de desenvolvimento, Elias vale-se da comparação entre sociedades mais e menos desenvolvidas do presente. Segundo ele, nos países comparativamente menos desenvolvidos, a relação de cada pessoa com sua família, comunidade e Estado costuma ser diferente da relação correspondente nos países mais desenvolvidos. Assim, se em todos os países tanto a identidade-eu quanto a identidade-nós encontram-se presentes, nos países relativamente mais desenvolvidos é mais forte a ênfase na identidade-eu, enquanto nos relativamente menos desenvolvidos essa balança está invertida, sendo mais forte a ênfase na identidade-nós.

O critério de mudanças na balança nós-eu encontra-se no equilíbrio entre a força emotiva das identidades-nós das pessoas em estudo (os grupos a que as pessoas se referem como "nós") e a força emotiva da identidade-eu dos indivíduos, bem como nas tensões que envolvem a emancipação dos indivíduos dos grupos dos quais dependem e com os quais se identificam. A primeira forma de individualização é conhecida como individuação, quando a criança alcança a percepção de ser separada da mãe, e não sua extensão simbiótica. Já o conceito mais amplo de individualização chama a atenção para o contexto maior de grupos-nós, tais como famílias e grupos de sobrevivência, aos quais os indivíduos pertencem e dos quais dependem, e dos quais muitas vezes buscam se individualizar, obtendo maior independência e libertando-se das exigências desses grupos (WOUTERS, 2014).

Identidade-eu e identidade-nós são autorrepresentações presentes em todos os espaços e tradições nacionais, em qualquer momento ou estágio da história, variando a intensidade de um e outro na balança das identidades. Nas sociedades mais desenvolvidas, afirma Elias, o nível de integração do Estado absorve cada vez mais essa função de refúgio da necessidade extrema. Ao mesmo tempo em que o Estado elimina as diferenças entre as pessoas ao transformá-las em um número, um contribuinte (o que poderíamos entender como massificação), o Estado relaciona-se com as pessoas como indivíduos e não como membros de uma família ou de um clã. Os Estados, assim, dão sua contribuição para o avanço da individualização em massa (ELIAS, 2010a: 162-163). Já a extensão e o padrão dessa individualização, alerta o autor, diferem amplamente conforme a estrutura da nação e, em especial, da distribuição de poder entre governo e governados, aparelho de Estado e cidadãos.

A identidade eu-nós é parte integrante do *habitus* social de uma pessoa: cada pessoa singular, por mais diferente que seja de todas as demais, tem características que compartilha com outros membros de sua sociedade. O *habitus* social de um indivíduo forma o solo de onde brotam as características pessoais que diferenciam um indivíduo de outro. "Dessa maneira, alguma coisa brota da linguagem comum que o indivíduo compartilha com outros e que é, certamente, um componente do *habitus* social – um estilo mais ou menos individual, algo que poderia ser chamado de grafia individual inconfundível que brota da escrita social" (ELIAS, 2010a: 163-164).

O registro do nosso nome contém um prenome pessoal e um nome de família, o que indica a pessoa como indivíduo singular bem como membro de determinado grupo, sua família. Ao mesmo tempo que o nome indica à pessoa quem ela é, também serve de cartão de visita, indica quem se é aos olhos dos outros.

> A forma dupla de nome próprio explicita o que, por sinal, é óbvio: que cada pessoa emerge de um grupo de outras cujo sobrenome ela carrega, em combinação com o prenome individualizante. Não há identidade-eu sem identidade-nós. O que

> varia é o peso dos termos na balança eu-nós, o padrão da relação eu-nós (ELIAS, 2010a: 165).

Avançando na discussão sobre a balança nós-eu, Elias nos mostra que há mais de um nível ou plano de integração em relação ao qual as pessoas podem dizer "nós". Esse aspecto multiestratificado nos conceitos-nós "se equipara à pluralidade dos planos entrelaçados de integração característicos da sociedade humana em seu atual estágio de desenvolvimento" (ELIAS, 2010a: 181). Assim, além de família ou amigos, lugarejos ou cidades e nações, passaram a ser entendidos mais recentemente como grupos-nós as unidades pós-nacionais que congregam diversas nações e a Humanidade. O que varia é a intensidade da identificação, o envolvimento ou compromisso expresso pelo emprego do pronome "nós": enquanto a identificação com a família, região natal e país costumam ainda ser mais fortes, a Humanidade como referencial da identidade-nós costuma ser uma área em branco nos mapas afetivos.

Os modelos são utilizados por Elias para explicitar, de forma abstrata, algumas configurações recorrentes. No caso dos modelos de jogos competitivos, tratados na Segunda lição, o objetivo é tornar evidentes as configurações de poder. Os pronomes nominais como modelos figuracionais tornam evidentes as construções de identidade e as relações de interdependência que perpassam essas construções, as quais fazem parte do próprio processo de desenvolvimento social.

Como em *A sociedade de corte*, *Sobre o processo da civilização* ou *Os alemães*, no terceiro ensaio de *A sociedade dos indivíduos* – o qual foi utilizado como centro desta lição –, Elias nos apresenta uma leitura fluida dos processos de mudança social, caraterística importante de sua sociologia. Ainda que utilize em muitos momentos de seus escritos a palavra *estrutura* e *estrutura da mudança*, Elias faz uma leitura muito fluida da sociedade e do processo de transformação social, e o conceito de *balança* ou *equilíbrio* proporciona justamente essa percepção da realidade social. Indivíduos e grupos não ocupam posições estáticas e predefinidas, mas se enfrentam na realidade social. Visando objetivos pessoais ou de grupo, o que sobressai no longo prazo é um processo de transformação não planejada; tensões, lutas e embates fazem parte da sociologia eliasiana que, utilizando-se da metáfora da sinfonia (DUNNING & MENNELL, 1998), consegue incorporar as nuances e particularidades dessas relações, escapando de reificações conceituais comuns à teoria sociológica.

Sétima lição

Envolvimento e distanciamento[16]

Em cada uma das lições anteriores, apresentamos aspectos da teoria da civilização de Norbert Elias. Em continuidade às questões apresentadas na Segunda lição, quando falamos sobre o texto *Sobre a sociogênese da economia e da sociologia*, dedicamos a Sétima lição à sociologia do conhecimento e das ciências. Tomamos como referência o livro *Envolvimento e distanciamento* (2007). Publicado em 1983, esse livro é composto de três partes relacionadas, mas que podem ser lidas independentemente. A primeira, *Questões de envolvimento e distanciamento*, saiu em 1956, na revista inglesa *British Journal of Sociology*; a segunda, *Os pescadores*

---

16. Na edição brasileira do livro *Involvement and Detachment*, optou-se pelo título *Envolvimento e alienação*. Para evitar que o conceito de *detachment* seja entendido no sentido marxista, implicando a separação entre o sujeito e o objeto, ou ainda hegeliano de afastamento do espírito, optamos por *distanciamento* como tradução apropriada do conceito.

e o turbilhão, resulta de um texto apresentado em 1980, no 20° Congresso dos Sociólogos Alemães; e a última parte, *Reflexões sobre a grande evolução: dois fragmentos*, foi escrita em 1979, quatro anos antes da publicação do livro. A tese central apresentada é a de que os equilíbrios entre envolvimento e distanciamento, enquanto conceitos sociológicos de apreensão da realidade, estão entrelaçados ao processo da civilização, constituindo o crescimento do conhecimento e das ciências um aspecto do desenvolvimento social humano. Este ensaio, chama a atenção Hermann Korte (2016: 25-26), é uma extensão, como sociologia do conhecimento, do livro *Sobre o processo de civilização*. Nele, Elias mergulha em profundidade nos problemas relacionados à ciência.

Não se pode perder de vista que os processos sociais e biológicos, ainda que distintos, se misturam enquanto níveis de integração dos seres humanos. Como primeiro exemplo, Elias cita o uso e o aprimoramento de artefatos e instrumentos para o controle da natureza. Nos tempos primitivos da evolução humana, o modo de utilização de artefatos resultava da articulação entre processos mentais, físicos e sociais necessários à aquisição de conhecimentos. A capacidade biológica de aprendizado foi se complexificando na medida em que a espécie humana demarcava suas distinções dos outros animais, ao mesmo tempo que um fundo social de conhecimentos ia sendo transmitido entre as gerações. A fabricação de instrumentos é, nessa perspectiva, uma operação somente possível quando os indivíduos conseguiram se distanciar das circunstâncias externas e internas a eles próprios. A autorregulação, explica Elias, vai se tornando uma instância intermediária imprescindível entre a demanda social e a sua satisfação. Ou melhor, para que os humanos fabricassem artefatos capazes de aplacar a fome foi necessário, antes, abrir um intervalo entre o impulso e a satisfação. A capacidade de distanciamento é, para Elias, um "universal humano".

> Se formos além dos impulsos em sua forma mais animal para as necessidades humanas em geral, talvez possamos ver os aspectos culturais, econômicos, técnicos e muitos outros aspectos do desenvolvimento social como cumprindo funções deste tipo, funcionando como intermediários entre as necessidades humanas e suas satisfações. Em sua forma primordial, a fabricação de ferramentas foi um exemplo muito elementar de autodistanciamento e desprendimento. Mas o lembrete pode ser de alguma ajuda para demonstrar que a capacidade de distanciamento é um universal humano (ELIAS, 2007: 32).

O livro *Envolvimento e distanciamento* inaugura verdadeiro campo de pesquisa sobre a dinâmica da consciência no conhecimento científico. Nos textos reunidos, Elias organiza uma discussão sobre as formas mais ou menos envolvidas de conhecimento e ação, incluindo os impulsos, coação e autocontrole, bem como a capacidade de visão a mais longo prazo. Os conceitos de envolvimento e distanciamento estão relacionados aos padrões sociais de autorregulação dos indivíduos. O par conceitual também diz respeito ao que é regulado, como os objetos da natureza não humana e da sociedade. A sociologia do conhecimento e da ciência de Norbert Elias constrói problemáticas sobre as direções dos processos de evolução natural e desenvolvimento social, ambos combinados e necessários à sobrevivência humana (ELIAS, 2016: 37).

> "Distanciamento" e "envolvimento" pertencem ao grupo não muito amplo de conceitos especializados referentes à pessoa humana como um todo. São os seres humanos enquanto tais, enquanto pessoas completas, e não suas ações, ideias, experiências ou sentimentos, separadamente, que estão no centro das pesquisas sociológicas (ELIAS, 2007: 28).

Elias mostra que os desequilíbrios entre transmissão e recepção dos objetos do conhecimento revelam formas de controle e descontrole sobre a produção da verdade. Por sua vez, a verdade que se produz nos experimentos e pesquisas não é a mesma para as ciências da natureza e as da sociedade. Partindo dessas questões, Elias enfrenta a problemática da validação do conhecimento em termos de maior ou menor congruência com a realidade. A adequação entre os modelos de construção dos objetos e a realidade (unidades de sobrevivência, cadeias de interdependências/figurações, maiores ou menores) depende dos equilíbrios alcançados pelos cientistas entre as atitudes de envolvimento e de distanciamento. Se uma baixa intensidade na congruência com a realidade domina uma determinada área de conhecimento – por exemplo, os instrumentos conceituais para a investigação de processos sociais –, máscaras de fantasias ancoradas em autoimagens ganham predominância e passam a se reivindicar como universais.

Como ponto de problematização introdutória, Elias escolhe os referenciais de orientação simultaneamente construídos no pensamento científico e nas obras de arte. Mais uma vez, retorna ao período do Renascimento e das cortes aristocráticas. Uma primeira ilustração é a relação humana com as estrelas e, em especial, com o Sol. Essa relação foi sendo deslocada no movimento de transição da imagem geocêntrica para a imagem heliocêntrica do mundo. Elias chama a atenção para a tradição dominante na história da ciência que atribui ao astrônomo polonês Nicolau Copérnico a condição de descobridor único de que é a Terra que se move em torno do Sol. Quer dizer, Copérnico é tomado como indivíduo isolado, gênio criador, apartado de um nós já identificado como referência à comunidade de cientistas. No estágio do desenvolvimento social em que viveu, entre os séculos XVII e XVIII, Copérnico não escapou das ferrenhas disputas e debates de ideias que tornaram possíveis as rupturas nos paradigmas do conhecimento. Os seus herdeiros, o mais célebre deles o italiano Galileu Galilei, precisaram enfrentar opositores no próprio círculo de matemáticos ou de religiosos, pondo em risco a própria vida. A teoria heliocêntrica, continua Elias, não dependeu somente das evidências e comprovações matemáticas para obter alguma credibilidade. Foi preciso, sobretudo, a capacidade de uma tomada de distância das pessoas com relação às suas crenças e, como parte disso, "a capacidade para aceitar um conhecimento acerca deste mundo que ia na direção oposta a seus desejos e sua autoestima" (2007: 34).

A concepção geocêntrica, mais envolvida, cultivava a autoestima dos indivíduos, tal qual o impulso egocêntrico, comum nas crianças, de se considerar o centro de referência em suas experiências. Da mesma forma, seria muito mais seguro acreditar na fixidez da Terra – *habitat* humano – e, em consequência, na fixidez autocentrada dos próprios indivíduos, como um ponto em torno do qual o Sol se moveria durante todos os dias. A reorientação no sentido de maior aceitação da visão heliocêntrica incluiu a indesejada percepção de que nem os seres humanos nem a Terra eram o centro do universo, o que

> pressupunha a capacidade dos seres humanos de se perceberem a si mesmos à distância, por assim dizer, de se colocarem na posição de olharem para si mesmos – para a humanidade – desde o Sol e de verem, à distância, a humanidade e a Terra se movendo ao redor do Sol (ELIAS, 2007: 34).

O desenvolvimento da percepção e da cognição que opere em um nível relativamente alto de distanciamento requer um autocontrole amplo e estável. Mas a ascensão a um maior nível de distanciamento não estava confinada ao conhecimento do universo físico. A emergência de uma abordagem mais distanciada foi uma manifestação de uma mudança compreensiva na estrutura da personalidade dos indivíduos que encontrou expressão em outras esferas da vida social. A compartimentalização e especialização da pesquisa sobre as sociedades humanas e seus diferentes aspectos – arte, religião, economia, política –, sem a utilização de um quadro teórico de referência comum, dificultou a compreensão de que as mudanças ocorridas durante o período do Renascimento possivelmente tenham tido características estruturais em comum (ELIAS, 2007: 35).

Para ilustrar a sua teoria do conhecimento enquanto processo social, Elias lança mão das diferenças entre os denominados modelo de conhecimento do colar e modelo de conhecimento da escada. No primeiro, um item do conhecimento (uma ideia, um paradigma, uma ideologia) é colocado próximo a outro, sem que seja seguida uma ordem particular. No segundo, a subida ou a descida de um nível a outro são evocados. Nesse segundo caso, entende-se que não é possível chegar ao décimo andar de um prédio sem passar pelos andares precedentes. Assim,

> o que é comumente entendido como diferentes tipos de conhecimento, entre eles o mágico-mítico e o científico, estão conectados um ao outro na forma de uma ordem sequencial de ascensão ou descida. Eles representam diferentes fases de um processo, diferentes estágios no desenvolvimento do equilíbrio entre envolvimento e distanciamento (ELIAS, 2007: 37).

Como outro exemplo, e buscando explicitar melhor a tese de que mudanças estruturais – ao nível da estrutura da personalidade, bem como da estrutura social – ocorridas durante o período do Renascimento encontraram expressão em diversas esferas da vida social, Elias se volta para o desenvolvimento da pintura na Europa Ocidental. Começa enfrentando o que chama de "longa linhagem de sociólogos de boa reputação" (2007: 37) que concebem a arte, em contraste com a ciência e a tecnologia, como facetas da civilização que estão isentas de uma ordem sequencial, "de um desenvolvimento para cima ou para baixo da escadaria".

Se em termos de valor da arte como manifestação humana não há como estabelecer uma ordem sequencial, quando a arte é estudada como fato social, é não apenas possível como indispensável considerar os diferentes estágios de desenvolvimento das sociedades humanas (2007: 38). Assim como a mudança científica, a mudança civilizatória representada pelo Renascimento foi marcada por um movimento em direção a uma "imagem mais realista e menos autocentrada do universo físico" (2007: 38), aliada a uma conversão para um modo perspectivo de pintar. Ambas as mudanças reposicionam os indivíduos com relação ao ambiente natural, inaugurando um fundo de conhecimentos sobre os fenômenos naturais como nexos autônomos de acontecimentos, independentes das satisfações emocionais imediatas dos seres humanos. Com esse nível de avanço do distanciamento, os objetos da natureza não humana puderam ser isolados e estudados.

Desde os séculos XIV e XV, houve um movimento na pintura em favor de um maior realismo na representação da natureza. Este movimento seguiu a mesma direção das mudanças do conhecimento científico. O realismo na arte encontrou tradução nas formas equilibradas e harmoniosas de uma natureza idealizada, ainda que concebida enquanto nexo de acontecimentos. Cientistas e artistas passaram a observar as coisas vivas sob um olhar perspectivo, os pontos de vistas. Os artistas construíam representações com a precisão dos cientistas.

Com relação à apreciação do público, surgia um novo tipo de envolvimento, a função estética, ao lado da permanência da antiga forma de satisfação proporcionada pela função religiosa. Os pintores buscavam envolver os espectadores mobilizando seus sentimentos com belas e coloridas cenas de paisagens ou interiores dos palácios, até de seus ateliês. O cenário da vida cortesã na pintura criava a ilusão de uma realidade espacial tridimensional. Sua observação requeria distanciamento entre o apreciador (sujeito) e a obra de arte (objeto). Essa experiência acabou mudando as relações dos indivíduos com eles mesmos. O uso do espelho pelos pintores florentinos como técnica de pintura de autorretrato é bastante significativo, consistindo em uma inovação técnica no desenvolvimento da pintura, oferecendo perspectivas ao eu somente possíveis pelo olhar de outros, abrindo a possibilidade de novas maneiras de perceber o mundo ligadas às mudanças nas estruturas de poder nos séculos XVII e XVIII. *Las meninas*, a famosa tela do espanhol Diego Vélasquez, principal artista da corte de Filipe IV, é a mais impressionate expressão das complexidades da relação envolvimento-distanciamento. Nela, o pintor se autorrepresenta no ato da pintura do próprio quadro junto às damas e às pessoas do círculo familiar da corte. Vélasquez se autorrepresenta como artista individual na figuração de interdependências da corte a que servia.

Formas mais ou menos envolvidas de pensamento e ação continuam, observa Elias, a fazer parte das nossas experiências com a natureza não humana que, em geral, equilibram-se entre os dois extremos. Da mesma forma, as abordagens mais distanciadas não eliminam as mais envolvidas, apesar da tendência de predomínio da primeira sobre a segunda ao longo do processo da civilização. Para Elias, a diferença entre as duas formas de abordagem se mede pela maneira como se equilibram e se misturam. Cientistas naturais e sociais não estão livres dos impulsos e das motivações, abertas ou reveladas, no direcionamento de suas investigações. Motivações determinadas por gostos e desejos individuais, por ambições de ascensão nas carreiras, por aspirações de grupos etc. Apesar de variações individuais significativas em termos de distanciamento na definição de problemas de pesquisa (ELIAS, 2007:87), o intervalo de variação é limitado aos padrões públicos de distanciamento incorporados nas formas de pensar e falar sobre a natureza e também no uso institucionalizado das forças da natureza não humana para objetivos humanos. Regras institucionais também delimitam e contrabalançam o alcance dos impulsos de envolvimento com interesses a curto prazo.

O aumento da compreensão humana sobre a natureza não humana e seu uso para propósitos humanos anda, identifica Elias, de mãos dadas com o aumento da interdependência de um número cada vez maior de pessoas; e esse entrelaçamento contribui, por sua vez, para acelerar o processo de mudança nas relações humanas. Assim, as redes de interdependência tendem a se tornar cada vez mais complexas, longas e estreitamente interligadas – o que dificulta a compreensão dos envolvidos no processo. É justamente esse um importante ponto identificado por Elias e que merece ser ressaltado: o maior controle sobre a natureza, de certa forma, possibilitou o incremento das redes de interdependência e, paradoxalmente, aumentou a dificuldade de compreensão das figurações humanas por parte dos individíduos implicados nesse processo, que só conseguem olhar para o que lhes acontece a partir de sua estreita localização na figuração: o padrão de interdependência formado por nada além de seres humanos age sobre cada um deles, e é experimentado por muitos, como uma força externa, algo que existe para além das relações humanas e que se equipara às forças da natureza (ELIAS, 2007: 77).

Nas ciências sociais, a dinâmica do conhecimento na construção da realidade objetiva se dá de modo peculiar. O enfrentamento de acontecimentos orientados pelas mudanças civilizatórias deixam os indivíduos, incluindo os cientistas, em situações de insegurança e vulnerabilidade, dificultando que consigam se colocar em posições de observação mais distanciadas. O controle sobre a natureza não humana não é da mesma ordem e intensidade que o controle do cientista social sobre a sociedade dos indivíduos interdependentes. Elias demarca diferenças importantes entre as ciências naturais e as sociais sem cair na clássica adequação ou transferências de modelos causais das primeiras para as segundas. É bem mais difícil para os sociólogos, que para biólogos ou físicos, controlar os próprios sentimentos relativos às tensões e conflitos que afetam diretamente suas vidas. Por isso, tendem a um maior engajamento nos conflitos, principalmente quando buscam elucidar processos sociais no tempo presente. Em consequência, o modo de produção do conhecimento na sociologia corre o risco de voltar-se mais para o sujeito, seus interesses, desejos e fantasmas, do que para os objetos de estudo.

São as graduações na balança de envolvimento-distanciamento o que diferencia os cientistas sociais dos cientistas naturais, com relação ao controle de seus objetos de estudo e à produção das certezas. Bernard Lahire (1993: 674), em resenha à edição francesa do livro *Envolvimento e distanciamento*, identifica o fundamento da epistemologia eliasiana na análise das condições socio-históricas do surgimento de atitudes engajadas e distanciadas. Uma outra contribuição importante na teoria do conhecimento de Norbert Elias, complementa Lahire, é a substituição da clássica dicotomia com relação aos valores, não mais concebidos como algo vindo de fora dos indivíduos, pelo ganho e pela perda de autonomia intelectual e científica nas atitudes de envolvimento e distanciamento.

A meta geral é a mesma nas duas tradições científicas. Ciências naturais e sociais tentam livrar-se das "crostas da filosofia" (2007: 79) e descobrir o modo pelo qual os fenômenos observados se conectam. Desde os pioneiros dos séculos XIX e XX, as ciências sociais tentam distanciar-se da posição que coloca seus cientistas como intérpretes envolvidos. Vale a pena trazer a citação de Elias sobre os dilemas presentes no fundo de conhecimento construído na breve história das ciências sociais:

> Desde então, uma grande quantidade de material mais factual sobre os fenômenos

> sociais foi trazida à luz. A elaboração de um corpo mais impessoal de teorias e sua adaptação a uma gama cada vez maior de fatos observados trazidos à luz sob sua orientação, avançaram consideravelmente nas ciências sociais, e avançaram em algumas mais do que em outras. Em maior ou menor grau, a pesquisa em todas as ciências humanas ainda tende a oscilar entre dois níveis de consciência e duas formas de abordagem: uma mais parecida, pode-se dizer, a uma simples abordagem geocêntrica, a outra com maior similaridade a uma abordagem heliocêntrica. A pressão colocada por problemas de curto prazo que não podem mais ser resolvidos de forma tradicional – de problemas sociais que parecem exigir, para sua resolução, procedimentos desenvolvidos e empregados por especialistas científicos – tem aumentado junto com a complexidade das próprias relações humanas (ELIAS, 2007: 81).

Os argumentos utilizados por Elias no trabalho de teorização do livro *Envolvimento e distanciamento* são atualíssimos e podem auxiliar na compreensão dos níveis de conscientização e formas de abordagem científica no mundo contemporâneo. Podem orientar a escuta das inúmeras vozes sociais de recusa, obscurantismo e negacionismo, que hoje se impõem, com fartas doses de envolvimento, contra os processos de transmissão do conhecimento. Apesar da conexão à rede mundial de computadores e do relativo domínio dos indivíduos sobre o acesso ao mundo virtual, a circulação veloz de falsas notícias e meias verdades expressa, entre outros sinais, as dificuldades na recepção de informações sobre as mudanças no conhecimento e descobertas científicas. A sociologia eliasiana busca um conhecimento mais distanciado, congruente com a realidade e menos carregado de fantasias e ideologias. O *detour via detachment*, ou desvio via distanciamento, bastante característico das ciências naturais, é reivindicado também pela sociologia eliasana. Nesse sentido, questões características de posicionamentos altamente envolvidos como "O que isso significa para mim ou para nós?" tornam-se subordinadas a questões como "O que é isso?" ou "Como esses eventos estão conectados a outros?" (ELIAS, 2007: 73). O desvio via distanciamento pode, então, se fazer seguir pelo envolvimento secundário[17].

17. A esse respeito sugiro a leitura de Kilminster (2007: 121-130).

OITAVA LIÇÃO

Arte e civilização

Nesta lição, apresentamos artigos e livros que abordam as mudanças no processo de civilização (PC) sob o ângulo das relações entre as figurações sociais, economias psíquicas dos indivíduos e as formas e expressões estéticas.

Em *A sociedade de corte* – livro publicado apenas em 1969 e que pode ser entendido como uma versão elaborada de tese de pós-doutoramento (KORTE, 2017: 142) –, Elias constrói uma interpretação que se desdobra, com o passar do tempo, em um conjunto de textos e conferências sobre a arte e a literatura no quadro das mudanças civilizatórias. O capítulo "Sobre a sociogênese do romantismo aristocrático no processo de cortização" é ilustrativo. O mais importante desses estudos é, sem dúvida, o livro *Mozart: sociologia de um gênio*, publicado postumamente, em 1991. Veremos que a escrita de *Mozart* só foi possível no caminho pavimentado por uma dinâmica de reflexão e trabalho iniciada na década de 1930. Nesse sentido,

Roger Chartier, no prefácio ao livro *Le déclin de l'art de cour*, que reúne artigos de Elias sobre os processos de simbolização no Ocidente, considera o capítulo da sociogênse do romantismo uma matriz de compreensão para os entrelaçamentos entre as figurações políticas, as estruturas da personalidade e as formas estéticas (CHARTIER, 2019: 14).

Os vínculos estabelecidos entre a racionalidade de corte, a diferenciação social e afetiva e as produções artísticas, nos séculos XVII e XVIII, justificam o interesse de Elias. Os temas da poesia barroca, do estilo *kitsch*, do classicismo alemão, da pintura de corte, das ambivalências de um músico burguês e, até, a incorporação da alteridade no estudo sobre a arte africana seguem o caminho aberto, pela análise, do romance pastoril *Astreia*, de Honoré d'Urfé. É muito provável, no entanto, que o capítulo em que Elias se detém na análise do romance, chama atenção Korte (2017: 143), não tenha feito parte do texto escrito em 1933 para a tese de doutorado.

O romance de Urfé fez sucesso no círculo de Luís XIV e teve várias edições na primeira e segunda décadas do século XVII. *Astreia* foi o centro de uma forma de culto, entretenimentos, jogos e conversas (ELIAS, 2014: 263-264). A literatura produzida no período atesta o modo como a escrita foi utilizada para ilustrar a transformação da nobreza cavaleiresca medieval em nobreza aristocrata. Do mesmo modo que o ritual nos aposentos de Luís XIV não prescindia de seus personagens (cf. Terceira lição), escritores, músicos e artistas ajudavam a formar as disposições íntimas e modos de distinção das camadas dirigentes, excitando suas mentes e compelindo-os à ação.

Em *Astreia*, o funcionamento dos controles dá o tom da narrativa. Elias mostra, observa Roger Chartier (2019: 16), como a idealização romântica de uma nobreza livre das pressões e regulações impostas pela etiqueta de corte traduz um desejo de volta ao passado pela recusa ao presente e temor ao futuro. Na pintura do mesmo período, o sentimento de nostalgia leva os artistas a trocar a imagem da natureza, sempre idealizada e contraposta às coerções da corte, pela da paisagem como mundo de objetos a serem explorados. A expressão de recusa das regras inescapáveis da civilidade levava os indivíduos a uma atitude de distanciamento na observação dos fenômenos naturais. No entanto, foram as mudanças na estrutura das coerções que exerciam uns sobre os outros que possibilitaram a compreensão do fenômeno das idealizações românticas do passado. No romance de Honoré d'Urfé, a sociedade de guerreiros, uma figuração social em declínio, foi a projeção sonhada. Ou melhor, períodos de transição, para Elias, são marcados por símbolos que evocam nostalgias e recusas. O mesmo ocorre na figuração burguesa-industrial, posterior à da corte.

> Durante o processo de urbanização industrial, o pequeno artesão perde importância. A organização da fábrica, a qual mantém muitas pessoas em permanente interdependência, vem à tona. Os filhos dos camponeses e trabalhadores rurais migram para as cidades e, em retrospectiva, os artesãos e camponeses são idealizados por algumas classes como símbolos de um passado melhor ou de uma vida livre e natural, contrastando com as restrições do ambiente urbano e industrial (ELIAS, 2014: 230).

Astreia representa o momento de ruptura em direção à figuração da aristocracia de corte, lentamente formada ainda no corpo da nobreza guerreira de senhores medievais independentes. Seus personagens encarnam o conflito entre a aceitação do "refinamento civilizado e da autodisciplina" confrontado à recusa das mudanças estruturais (ELIAS, 2014: 265). O enredo de *Astreia* cria um mundo idealizado, mimético, a vida de pastores e pastoras, um grupo humano de camponeses hierarquicamente inferiores mas insubmissos às pressões mundanas. A arte, chama a atenção Norbert Elias, cumpre a função de enclave social em que os excluídos podem encontrar expressão e refúgio, mesmo que suas vitórias não se efetivem na "dura realidade".

O destino social de Honoré d'Urfé foi de um personagem vencido. Lutou nas guerras civis ao lado dos católicos contra os exércitos protestantes comandados pelo soberado Henrique IV, a quem dedica o seu romance. Esteve no campo dos vencidos e se reconciliou com o rei, num gesto de resignação. Nesse aspecto de seu destino, coincidiu com o do compositor vienense Wolfgang Amadeus Mozart. D'Urfé, porém, reconheceu o deslocamento da concentração de poder em favor de um senhor absoluto. Só lhe restava, na condição de nobre provinciano, fazer as pazes com Henrique IV e a sua corte cada vez mais aristocrática. Para Elias, uma resposta ao conflito romântico de recusa do presente poderia ser a identificação com o opressor e a possibilidade de recompensa emocional. Nos períodos em que o rei, como Luís XIV, tinha a balança de poder claramente pendendo a seu favor, as coerções civilizadoras tornavam-se insuportáveis, de modo que a identificação com o soberano era a única saída para o abrandamento das pulsões destrutivas que alimentavam os sentimentos de amor e ódio, de aceitação e recusa.

Os vínculos entre a racionalidade de corte e a produção de uma cultura escrita característica do regime ficam bem ilustrados nas memórias, nos comentários e nos livros de conversações que nos deixaram os escritores e filósofos. Impõe-se a forma literária dialogada, os manuais e as memórias, como expressão da interdependência entre os artistas, gêneros e objetos textuais. *Astreia* é um romance nostálgico e sentimental, um produto cultural que expressa com clareza a tendência civilizatória. A recusa que fundamenta o dilema específico da experiência romântica como uma volta ao passado, observa Elias (2014: 239), traduz o dilema das "camadas superiores que, embora possam querer puxar suas correntes, não podem tirá-las sem comprometer toda a ordem social que lhes assegura sua posição privilegiada". A criação de um mundo mimético de pastores e pastoras vivendo ideal e inocentemente livre de coerções, abre uma polêmica contra a camada superior. Inaugura-se, na literatura, a consciência das relações entre realidade e ilusão, principalmente no que toca ao controle humano sobre a natureza e à autopercepção dos nobres sobre eles mesmos. Nas palavras de Elias,

> Essa questão está relacionada ao desenvolvimento específico do autocontrole profundamente enraizado nos seres humanos, a armadura que os faz sentir que sua existência é separada do resto do mundo e, assim, não são capazes de se convencer que as coisas que atravessam tal couraça não são aparições, algo inventado ou acionado

> por eles mesmos, e portanto irreal (ELIAS, 2014: 268).

Após deixar a Alemanha, em 1935, Elias encontra, em Paris, dois amigos alemães, o escultor Maurice Herz e o escritor Ludwig Turek; com eles, abre uma loja de brinquedos. Na tentativa frustrada de exílio, vender brinquedos foi o seu frágil meio de sobrevivência. Por essa época, conhece Klaus Mann por meio de uma amigo alemão,Wolfgang Hellmert, que também reencontrou na temporada parisiense. Klaus era filho do escritor Thomas Mann e havia fundado, em 1933, a revista literária *Die Sammlung* destinada aos emigrados alemães e editada por Emanuel Querido, em Amsterdam (CHARTIER, 2019: 10). Nesta revista, Elias publica, em 1935, um artigo intitulado *O estilo kitsch e a era do kitsch*, onde desenvolve o problema das ligações entre as mudanças sociais e o universo das formas estéticas. Seu interesse já se ampliara para a arquitetura, moda, música e estilo de vida burguês.

O artigo "O estilo kitsch e a era do kitsch" (ELIAS, 2016: 123-141) explica o modo como as ligações entre as duas mudanças em curso na Europa, a social e a estética, são caracterizadas por um amálgama de tendências orientadas ao mesmo tempo para a criação de algo novo e a decomposição ou decadência de algo antigo. A sociedade burguesa industrial encontrava expressão em produções artísticas orientadas pela incerteza de tendências que se ligavam umas às outras, de modo que o velho estilo ornamental da sociedade de corte permanecia em convívio com o mau gosto que vinha com a nova figuração. Elias destaca uma diferença fundamental que define a ordem da mudança: na arte de corte, o deslocamento formal acontece em uma mesma camada social – por exemplo a do estilo barroco ao rococó; o mesmo não acontece na profunda ruptura estilística que ocorre entre camadas na ascensão da burguesia profissional e industrial ao poder, entre os séculos XVIII e XIX. Em consequência, a quebra da unidade nas formas de expressão reivindicada pelos artistas e escritores identificados com os valores burgueses impõe-se como traço do processo de individualização. É neste momento que os pesos da balança nós-eu pendem para a defesa da autoria artística como emancipação do sentimento individual. Desaparecem a solidez e a certeza dos criadores coletivos vinculados às cortes. Os artistas e os escritores do século XIX partem em busca de suas emancipações e afirmam o direito da liberdade de criação. Surgem as autoimagens do gênio, do inventor e do descobridor autorrepresentados como independentes. O artigo publicado na *Die Sammlung* mostra a sua importância ao abordar os artistas marginais como expressões da transição entre figurações sociais.

> A orientação da produção de grandes artistas, que sejam nomeados Heine ou Victor Hugo, Wagner ou Verdi, Rodin ou Rilke, está estreitamente ligada às tendências que se manifestam nas produções medíocres, que nós vemos como tendências desviantes, carimbadas de decomposição, de decadência, quer dizer, como *kitsch*: facilmente, essas tendências unem imperceptivelmente umas às outras [...]. Não teríamos problema em encontrar a sua presença (a do estilo *kitsch*) tanto nas formas do século XIX quanto nas do século XX, tanto em Balzac como em Gide, tanto em Ingres como em Picasso (ELIAS, 2016: 127-128).

A princípio, *kitsch* é um conceito de conotações negativas como algo oposto e exterior aos grandes artistas, mas parte deles. Pouco a pouco, vai sendo assimilado como algo positivo. Elias lembra os estilos ao mesmo tempo suaves e irônicos de um Stefan George, um Paul Valéry, um Proust e um Thomas Mann. Se, tomando o ponto de vista da nova figuração burguesa, os processos de imaginação e criação convivem com os padrões antigos, algumas figuras encarnam momentos fortes do desenvolvimento das formas estéticas. As obras dos pintores franceses iluministas Jean-Babtiste Greuze e Jacques-Louis David, assim como o Antoine Watteau, Jean-Honoré Fragonard e Boucher, representantes dos estilos rococó e decorativo da alta sociedade de corte, são ilustrativos das lentas mudanças no gosto e nas formas estéticas que possibilitaram o convívio entre os estilos da alta (aristocratica) e da baixa cultura (burguesa-industrial).

A transformação das formas artísticas vinham de par ao reposicionamento dos artistas na sociedade. A nova função, sobretudo, passava a interferir nas formas de expressão. Foi assim que o estilo da nobreza abriu passagem, na representação social da pintura, para os impressionistas e tudo o mais que seria produzido na sociedade de massa já submetida, nos anos de 1930, em matéria de gosto, à competência dos críticos e acadêmicos especialistas em arte.

O confronto entre o sonho e a realidade é retomado no livro *A peregrinação de Watteau à ilha do amor*, publicado em 1983. Nesse mesmo ano, nos diz Hermann Korte (2005), Elias passava uma temporada de trabalho no Centro de Pesquisa Interdisciplinar de Bielefeld quando, à convite do Wissenschaftskolleg (Colégio de Conhecimento de Berlim), viaja para a Alemanha a fim de participar de um colóquio organizado pelo historiador francês Phillippe Ariès. Nesta ocasião, o reitor Peter Wapnewski faz um comentário sobre um debate público que corria em Berlim em torno da compra, pelo governo, do quadro de Antoine Watteau, *O embarque para a Ilha de Citera*, de propriedade do príncipe Luís Ferdinando da Prússia. Elias logo firmou a opinião de que o quadro deveria ser acessível ao público. O reitor, então, pergunta a ele se poderia emitir uma declaração pública na mídia alemã explicando seu posicionamento. Os intelectuais presentes ao colóquio foram na companhia de Elias ao Castelo de Charlottenburg, onde se encontrava a famosa tela. Lá, Elias, diante do artista que entusiasmara a sua juventude cinquenta anos antes no artigo sobre o estilo *kitsch*, proferiu uma conferência improvisada sobre a recepção da arte de corte, "com ênfase nos cânones oficiais em antagonismo e transformação" (KORTE, 2005: 10). Aos 83 anos e com apenas 30% da capacidade de visão, revelava aos presentes a força da sua memória diante da tela e, em detalhes, comparava a versão alemã com a que tinha visto no Museu do Louvre, em Paris. Foi uma aula sobre a arte de vanguarda.

No livro *A peregrinação de Watteau à ilha do amor*, a representação pictórica da utopia nas cortes volta a ocupar o interesse de Elias, mas também a problemática da "recepção seletiva" construída no correr do tempo nas variadas projeções de gosto diante da exposição de uma tela pintada em 1717 (ELIAS, 2005: 55). No decorrer do século XIX, a obra de Watteau é transformada em objeto de culto pelo público romântico-burguês. Ou melhor, a tela descreve um percurso de simbolização que se inicia no consumo aristocrático e se modifica quando a produção burguesa da arte se consolida na sociedade industrial. No século XIX, a arte de corte ganha um novo estatuto, reconfigurando-se com o surgimento das interpretações da esfera de especialistas, que serão os novos mediadores na relação entre os artistas e o público. A corte podia não orientar o gosto em matéria de arte, mas inaugurava um novo cânone estabelecido nos grupos de críticos, de artistas e especialistas que reivindicavam sensibilidade para o julgamento das artes e da literatura, servindo de guias em matéria estética para o grande público.

Os elementos formais da obra, originalmente intitulada *O embarque para a Ilha de Citera*, representam a utopia aristocrática de uma paisagem idealizada em que um cortejo de casais se prepara para percorrer o caminho até a praia e, de lá, embarcar rumo a uma ilha do amor. A composição da tela mostra como as estruturas de poder encontram expressão no gosto artístico. Neste livro, Elias situa o artista nas redes de interdependência de seu próprio tempo. O drama da vida de Antoine Watteau, nascido em Paris, em 1684, foi ter sido um artista pequeno-burguês na sociedade de corte; sua carreira só foi possível graças ao mecenato de um patrão protetor e pagador. Precisou negociar o seu estilo para entrar na Academia Real. Lançou-se na luta de conquista da independência criativa com relação às coações e demandas dos soberanos. Sofreu de melancolia, tornou-se um misantropo, expressando o seu estado interior nos tons sóbrios com que pintou sua obra-prima. Poderia, observa Elias, ter escolhido cores vivas de uma festa galante.

Publicado em 1991, o livro *Mozart: sociologia de um gênio* é o estudo decisivo sobre o universo dos artistas e das formas artísticas no quadro das mudanças civilizatórias. Este livro adensa uma problemática anteriormente formulada no conjunto de textos apresentados acima e, sobretudo, no capítulo matricial do livro *A sociedade de corte*. A relevância do tema, pode-se dizer, já havia sido justificada nesses trabalhos.

Elias adensa a análise da tragédia social do artista burguês na sociedade de corte, desenvolvendo um percurso analítico semelhante ao que utilizou nos estudos anteriores sobre arte e literatura. Reencontramos o problema dos regimes de autoria artística nas interdependências e processos de diferenciação que se expressaram na individualização do artista na sociedade burguesa. O cerne da análise articula a genialidade do artista às redes de pressões sociais. Elias busca os motivos da profunda tristeza e do marcado ressentimento do músico Wolfgang Amadeus Mozart. Localiza a tragédia vivida do ponto de vista do indivíduo em uma série de constrangimentos típicos do mundo da corte que, de um modo ou de outro, possibilitaram o "fenômeno" Mozart. O artista morreu aos 35 anos de idade, com a sensação de que sua vida fora um fracasso. Sentia-se vazio e derrotado. Mozart não conseguiu escapar da teia de interdependências formada pelo seu patrão, seu pai, também músico, por ele mesmo e o público aristocrata amante de ópera. Uma lição essencial neste livro de Elias é a de que o gênio obteve fama no mundo, mas não conseguiu sair da posição de inferioridade na sua corte natal, um pequeno Estado absolutista dos anos de 1770 governado pelo conde de Colloredo, o príncipe-arcebispo de Salzburgo.

Havia uma correspondência entre a qualidade formal da obra e a qualidade da existência social do músico, o que explica o reconhecimento póstumo. Por causa da estrutura da sua personalidade, Mozart antecipou uma posição relativamente autônoma, mais comum à sociedade burguesa do que à sociedade de corte, abrindo caminhos para o exercício da imaginação individual do artista. Mas, ao mesmo tempo, sofria com a falta do reconhecimento e estima do círculo que ditava o bom gosto. O modo como viveu a relação estabelecidos-*outsiders* foi traduzido na ambivalência entre sentimentos e atitudes. A dinâmica do conflito entre a realidade do artista cortesão e o sonho de tornar-se um artista autônomo, produzindo para um público anônimo e pagante, esteve presente por todo o destino social do músico. Essa realidade gerou muitos sofrimentos e insatisfações a Mozart, acabando, paradoxalmente, por contribuir para o seu fracasso social e por influenciar a escrita de suas belas óperas.

A arte e literatura, no trabalho de Elias, vão além do uso estritamente documental, não funcionando apenas como testemunhos do passado, mas constituindo objetos sociológicos. Por meio da arte e da literauta, Elias nos fala sobre a dinâmica das sociedades, de suas figurações e processos de transformação. Nos textos mencionados nesta lição, esteve no centro de suas preocupações o modo como os utensílios intelectuais circulavam pelos salões aristocratas enquanto espelhos da vida cotidiana, capazes de refletir imagens, identificações positivas e negativas, e, sob seu olhar retrospectivo, apontar tendências e transições no PC.

NONA LIÇÃO

Violência e civilização

Elias viveu sua juventude durante tempos de guerra, atravessando tanto a Primeira quanto a Segunda Guerras Mundiais. Ainda com 18 anos de idade, foi chamado ao *front* de batalha na Primeira Guerra, tendo-se alistado como soldado voluntário em uma unidade de transmissão de linhas telefônicas. Testemunhou os horrores das batalhas, viu seus amigos tombarem um a um, a guerra foi para ele uma experiência traumática, conforme testemunhou em *Norbert Elias por ele mesmo* (2001). Emigrou da Alemanha um pouco antes do início da Segunda Grande Guerra. Perdeu seu pai, e em seguida sua mãe, em um dos campos de concentração. Na Inglaterra, foi forçado a viver na Ilha de Man durante oito meses, junto com outros judeus alemães que viviam em solo inglês.

Elias escreveu sobre violência – e ao mesmo tempo evitou escrever sobre violência – ao longo de toda sua carreira[18]. *Sobre o processo da civilização* e *Os Alemães* são os principais livros em que o tema é abordado; competição, lutas e guerras permeiam os escritos de ambos. *A condição humana* (2010c), escrito ao final de sua vida, também merece menção. Nesse texto, vemos um Elias temeroso em relação a uma possível guerra nuclear entre os dois mais poderosos países de então, Estados Unidos e Rússia. O momento, para ele, era de perigo extremo, intensos conflitos internacionais poderiam levar à eclosão de uma guerra de grandes proporções.

Sobre o processo da civilização, apresentado na Quarta lição, é um livro sobre os processos de desenvolvimento social de longo prazo, entrelaçando o processo de formação do Estado e o desenvolvimento do *habitus*. Ao longo do processo de desenvolvimento social europeu estudado por ele, ocorreu uma redução da violência física e da agressão, tanto em nível interpessoal quanto em nível nacional. À evidência empírica que fundamenta esse argumento, Elias oferece um modelo explanatório, já tratado na referida Quarta lição. Guerras e lutas, tanto internas quanto entre reinos ou países,

---

18. Cf. LANDINI, T.S. "Guerra, esperança e medo: escritos sobre violência ao fim de uma vida longeva". In: COSTA, A.O.; COSTARDI, G.G. & ENDO, P.C. (orgs.). *Psicanálise e teoria política contemporânea*. São Paulo: Annablume, 2019.

fazem parte dos processos de formação do Estado[19] e, portanto, do processo de monopolização da violência legítima e de cobrança dos impostos, movimento que traz consigo um processo de pacificação interna e transformação do *habitus* ou regime de comportamento e emoções.

Esse processo de pacificação ocorreu em dois níveis: dentro do Estado-nação, o nível de violência interpessoal diminuiu; ao mesmo tempo, no nível da estrutura de personalidade, o tabu contra atos de violência aumentou. Com o passar do tempo, as pessoas desenvolveram certa relutância, repugnância ou aversão ao uso da violência física (ELIAS, [1981] 1988: 180). Já no nível das relações entre Estados, o movimento é outro. Ao mesmo tempo que o monopólio da violência legítima e de arrecadação dos impostos contribui para estabelecer a paz dentro de suas fronteiras, as relações entre os Estados são baseadas em uma espiral crescente do fortalecimento de posições de poder (DELMOTTE & MAJASTRE, 2017: 56).

---

19. Importante registrar a crítica recebida por Elias por não dar a devida atenção à violência ocorrida ao longo do processo da civilização e negligenciar aspectos-chave desse processo, tais como os violentos processos de colonização e escravidão, as cruzadas religiosas, o desenvolvimento de armas de extermínio em massa a serem usadas entre e intraestados, entre outros (ex.: BAUMAN, 1989; BURKITT, 1996; DEPELTEAU; PASSIANI & MARIANO, 2013; MALESEVIC & RYAN, 2012).

Em *Os alemães* (1997), Elias dá seguimento a essa discussão iniciada em *Sobre o processo da civilização*. Nesse livro, Elias traça o processo da civilização na Alemanha, chamando a atenção para particularidades no desenvolvimento do país que contribuem para pensar a subida de Hitler ao poder e o Holocausto. Nesse caminho, dentre outros, navega pela tardia formação do Estado Nacional e pelas dificuldades de unificação e centralização; pela manutenção do *ethos* guerreiro da nobreza; pela cisão entre nobreza e burguesia; pela penetração do *ethos* guerreiro na burguesia do II Reich, exemplificado na prática dos duelos; pela brutalização de setores importantes das classes médias; pelo declínio do monopólio legítimo sobre a violência na República de Weimar.

Elias discute a descivilização – ou colapso da civilização, expressão que dá título ao quarto capítulo do livro – especialmente no que diz respeito ao Holocausto na Alemanha Nazista. Utiliza, portanto, a teoria dos processos da civilização para explicar processos de descivilização que preponderaram durante o período do nazismo. Ao analisar aspectos da história alemã em perspectiva comparada, ele consegue explicar por que esses processos ocorreram na Alemanha e não na Grã-Bretanha ou na França (DUNNING & MENNELL, 1998: 342).

Além de contribuir para a compreensão das particularidades da história alemã, esse livro contribui para a compreensão da visão de Elias sobre o binômio violência e civilização. Vejamos o início desse texto:

> A civilização a que me refiro nunca está completa, e está sempre ameaçada. Corre perigo porque a salvaguarda dos padrões mais civilizados de comportamento e sentimento em sociedade depende de condições específicas. Uma dessas é o exercício de autodisciplina, relativamente estável, por cada pessoa. Isso, por sua vez, está vinculado a estruturas sociais específicas. Essas incluem o fornecimento de bens – ou seja, a manutenção do habitual padrão de vida. Incluem também, sobretudo, a resolução pacífica de conflitos intraestatais – isto é, a pacificação social. Mas a pacificação interna de uma sociedade também está sempre correndo perigo. Ela é ameaçada por conflitos tanto sociais quanto pessoais, que são atributos normais da vida em comunidade humana – os próprios conflitos que as instituições pacificadoras estão interessadas em dominar. [...] Quando se empenham em examinar o problema da violência física na vida social de seres humanos, as pessoas fazem frequentemente o tipo de perguntas errado. É costume perguntar-se como é possível que pessoas vivendo numa

> sociedade podem agredir fisicamente ou matar outras – como podem, por exemplo, tornar-se terroristas? Ajustar-se-ia melhor aos fatos e seria, assim, mais proveitoso, se a pergunta fosse formulada de modo diferente. Deveria, antes, ser redigida em termos como estes: Como é possível que tantas pessoas consigam viver normalmente juntas em paz, sem medo de serem atacadas ou mortas por pessoas mais fortes do que elas, como é hoje em dia o caso, em grande parte, nas grandes sociedades-Estados da Europa, América, China ou Rússia? (ELIAS, 1997: 161).

Essa afirmação pode ser complementada por outra, encontrada em *A condição humana*. Nas cerca de cem páginas de texto, Elias repete algumas vezes a afirmação de que a guerra é uma condição humana. Não um acidente histórico, nem um incidente isolado, mas uma condição humana:

> Sejam quais forem as particularidades que distinguem a guerra de Hitler de todas as outras, não faremos justiça ao problema humano de que aqui se trata se o nosso olhar se detiver, fascinado, nesta última guerra europeia ou na possível próxima guerra mundial, se não perguntarmos: Por que, em geral, a guerra? (2010c: 78).

Dessas citações, tiramos duas proposições importantes: 1) a violência – e a guerra – fazem parte das sociedades humanas, sendo a possibilidade de convivência pacífica e de paz o que atiça a curiosidade sociológica de Elias; e 2) a pacificação é um processo frágil, não é unilinear, nem acabado, nem irreversível e nem homogêneo, em qualquer de seus níveis. Isso nos leva à discussão de dois conceitos correlatos ao de processo da civilização, discutidos parcialmente por Elias e levados adiante por discípulos e continuadores de sua proposta teórica: os conceitos de *processos de descivilização* e de *dyscivilização*. Vejamos.

O termo *civilização* é utilizado por Elias de duas formas diferentes (MENNELL, 2015): em primeiro lugar, como um conceito êmico – é o uso feito na primeira parte de *Sobre o processo da civilização*, ao traçar a sociogênese do conceito de civilização retomando seu significado *nativo*, ou seja, a forma como era utilizado pela classe alta secular da época; em segundo, como um conceito sociológico, ao utilizar *processo da civilização* para referir-se à teoria explicativa sobre os processos de mudança de longo prazo por que passam as figurações humanas.

A teoria dos processos da civilização – utilizando o plural e não mais o singular, como veio a preferir com o tempo, para fazer referência às várias camadas de desenvolvimento que observou na Europa Ocidental – dá conta de mudanças de longo prazo nos padrões de comportamento e no *habitus* social, relacionando-as à formação do Estado e, portanto, ao processo de monopolização da violência legítima e dos impostos, como já explicitado. Longe de entender que a violência tenha sido eliminada ou erradicada – ele identifica um processo de pacificação, mas não pacificação de forma definitiva –, Elias demonstra que ela foi "empurrada para os bastidores" e que a manutenção de padrões mais civilizados de controle da violência é algo bastante frágil, sendo essa fragilidade enfatizada principalmente para o caso alemão. Da mesma forma, ao demonstrar a mudança na balança de equilíbrio entre coações exteriores e autocoação em favor da última, gerando um padrão social de comportamento mais estável, completo e diferenciado, Elias também não afirmou que a coação exterior tenha se tornado desnecessária ou desaparecido, permanecendo presente no dia a dia, a depender da figuração e do estágio do processo.

Processo de descivilização é, de forma muito esquemática, o reverso do PC, tomado no segundo sentido mencionado acima, como conceito sociológico:

> Ambas as expressões, "descivilização" e "colapso da civilização", fazem referência a constelações de destruição violenta em larga escala que sucederiam períodos an-

> teriores em que prevalecia a civilização, com modos de interação mais contidos e autocoação mais moderada. Os próprios termos sugerem que algo que antes existia tenha desaparecido, algo que foi perdido ou destruído (DE SWAAN, 2001: 266).

A questão das *direções* tomadas pelo processo da civilização, e discutida principalmente na última parte do PC, é, portanto, de central importância se queremos identificar o processo de descivilização como *reverso* do processo da civilização. Em outras palavras, a fim de identificar um processo de descivilização, é necessário ter muito claro que o processo estava anteriormente orientado de forma estruturada em uma determinada direção (MENNELL, 2001: 32-33).

Fletcher (1997: 83) propõe um modelo provisório, com base nos direcionamentos explicitados por Elias no PC e já mencionados na Terceira lição. Os três critérios principais para definir um processo de descivilização: mudança no equilíbrio entre as coações externas e a autocoação em favor da primeira; desenvolvimento de um padrão social de comportamento e sentimento que gera o surgimento de um padrão de autocoação menos uniforme, versátil, estável e diferenciado; contração no escopo de identificação mútua entre grupos e indivíduos constituintes.

> Essas três principais características provavelmente ocorreriam em sociedades nas quais houvesse uma diminuição no controle (estatal) do monopólio da violência, uma fragmentação dos laços sociais e um encurtamento das cadeias de interdependência comercial, emocional e cognitiva. É provável que tais sociedades sejam caracterizadas por: um aumento nos níveis de medo, insegurança, perigo e imprevisibilidade; o ressurgimento da violência na esfera pública; uma crescente desigualdade ou aumento das tensões no equilíbrio de poder entre os grupos constituintes; uma diminuição da distância entre os padrões adultos e infantis; uma expressão mais livre da agressividade e um aumento da crueldade; um aumento da impulsividade; um aumento das formas de pensamento envolvidas, com conteúdo de fantasia concomitantemente elevado, e uma diminuição das formas de pensamento isoladas, com diminuição na "realidade-congruência" dos conceitos (FLETCHER, 1997: 83-84).

Além do conceito de processo de descivilização, o conceito de dyscivilização ou processo de dyscivilização foi proposto no sentido de compreender processos específicos em que apenas parte da sociedade estivesse implicada. O conceito foi proposto por Abram de Swaan (2001) para discutir o nazismo alemão e outros casos de extermínio em massa, apresentando a possibilidade de descivilização em enclaves específicos de uma sociedade, enquanto o restante da sociedade mantém seus caminhos pacificados, e a grande maioria dos cidadãos continua a ser protegida pela lei, pelos costumes e pela etiqueta (p. 268).

De acordo com de Swaan (2001), o pressuposto da teoria da civilização de Elias é que a formação do Estado leva a modos mais civilizados de relacionamento e expressão, o que implica a diminuição da violência, inclusive da violência estatal. Implícito estaria que houvesse alguma forma de identificação entre todos, entendendo-se como iguais, e que todos os cidadãos fossem tratados de forma igualitária perante a lei. Na visão do autor, em alguns casos, quando o monopólio dos meios de violência não é alcançado de forma eficaz, pode haver um desvio no PC, e certas categorias de cidadãos ficam excluídos da proteção e expostos à violência estatal.

> Nessas condições de violência monopolizada pelo Estado, um alto nível de civilização é mantido em quase todos os aspectos e para a grande maioria da população; no entanto, o regime cria e mantém compartimentos de destruição e barbárie, em isolamento meticuloso, quase invisível e quase não mencionável. É como se o processo da civilização continuasse da mesma

> forma, mas em uma direção diferente: em uma palavra, tornou-se um processo de dyscivilização.
>
> Dentro dos limites desses compartimentos, o processo da civilização fica suspenso; sob condições cuidadosamente controladas, a descivilização pode prosseguir, a barbárie é expressamente provocada e desencadeada contra a população-alvo, isenta de toda proteção estatal. Se a descivilização pode ser descrita no nível psicológico e social como "regressão" (a volta a um estágio anterior, mais primitivo, mais desorganizado), então a dyscivilização pode ser descrita em termos de "regressão a serviço do Estado" (DE SWAAN, 2001: 268-269).

Processos de civilização, descivilização e dyscivilização são, portanto, processos correlatos. O material empírico é, como já mencionado em outros lugares deste livro, essencial na sociologia eliasiana, e, para a discussão sobre violência e civilização, não é diferente. É o material empírico que possibilita a identificação dos processos de curto e longo prazo, e seu significado. Portanto, em contraposição a conceitos que pudessem ser aplicados mecanicamente, os processos em Elias devem ser pensados em termos de uma tensão entre pressões conflitantes, pressões civilizatórias e descivilizatórias. Elias gostava de utilizar metáforas em suas explicações, a de uma sinfonia é uma delas. Os processos da civilização são construídos a partir de movimentos e contramovimentos, pressões em uma direção ou em outras (DUNNING & MENNELL, 1998).

> Poder-se-ia argumentar que as tendências descivilizatórias, ou pressões descivilizatórias, estão sempre presentes. De fato, os processos civilizadores surgem (como processos cegos e não planejados) a partir das lutas das pessoas para resolver os problemas que lhes são colocados em suas vidas por pressões descivilizadoras – por exemplo, a ameaça de violência e insegurança. Por isso, precisamos pensar pressões civilizatórias e descivilizatórias pressionando umas às outras, assim como, sob a influência de Elias, aprendemos a pensar em termos de forças centrífugas e centrípetas que lutam umas contra as outras em processos de formação de Estado. A questão é: quais forças ganham a frente no curto ou longo prazo: centrífugas ou centrípetas, civilizatórias ou descivilizatórias? (MENNELL, 2001: 32).

Décima lição

Teoria do símbolo

Nesta última lição, apresentamos as principais ideias do livro *A teoria do símbolo,* trabalho menos lido e discutido de Norbert Elias. Sua escrita foi interrompida pela morte do autor, em 1º de agosto de 1990. Richard Kilminster, a quem coube a edição final do texto, o entende como um escrito ambicioso, radical e de longo alcance (2007: 131). Alguns trechos, nos lembra Marc Joly (2015), haviam já sido publicados em 1989, na revista *Theory, Culture & Society*, sem ter causado debate entre o público acadêmico. Em carta ao sociólogo Pierre Bourdieu, de 25 de abril de 1990, Elias confidencia a sua decepção: "Um trabalho mais téorico, *The Symbol Theory*, que eu publiquei várias vezes em inglês e que deve aparecer na forma de livro em alguns meses, não provocou, desde que eu saiba, nenhuma reação".

Elias, lembra Johan Goudsblom (1993: 281), desmonstrava uma grande sensibilidade para a língua como objeto de investigação e meio de expressão. Elias procurou mostrar que somente a emancipação simbólica pela linguagem garantiu à espécie humana "o poder da comunicação, orientação e exploração" representado, continua Goudsblom, pela fala, o saber e o pensamento. *A teoria do símbolo* é um trabalho sobre comunicação e orientação, um livro para ser lido por especialistas de diversas áreas do conhecimento, indo muito além da sociologia *stricto sensu*, refirma Kilminster (2007: 131). Elias propõe uma concepção menos redutora e mais diferenciada do tema da ciência.

Neste livro, Elias construiu um modelo analítico de síntese entre dimensões da existência humana, aproximando sociologia e biologia e apresentando uma abordagem sintética para todas as ciências (KILMINSTER, 2007: 129). Para ele, o termo síntese, lembra muito apropriadamente Kilminster (2007: 136), significava, ao contrário do termo abstração, que os conceitos trazem neles "vestígios das fases anteriores do desenvolvimento científico". Elias aborda os processos intercruzados entre a estrutura orgânica da linguagem, a comunicação, a memória e os condicionantes de produção do conhecimento. A atualidade do livro *A teoria do símbolo*, publicado em 1991, torna-se, a cada dia que passa, mais evidente. Com o enfrentamento simultâneo de crises sanitárias, econômicas, climáticas e hídricas, entre outras de abrangência planetária, atentamos claramente para os níveis de síntese necessários à compreensão. As crises estão em interdependência, envolvem o mundo todo e exercem pressão umas sobre as outras, sobretudo no seu agravamento e/ou nas estratégias de enfrentamento. Evidenciam-se as relações íntimas entre os indivíduos, enquanto espécie humana, e o ambiente natural. Alcançamos a consciência, diria Elias, de que somos animais simbólicos. Em outras palavras, "é necessário, eu já indiquei, alargar o perímetro de observação. A presente obra constitui um passo nessa direção" (ELIAS, 2018: 245).

As figurações estruturadas em processos sociais de longo prazo já são conhecidas. No final da vida, Elias propõe aos sociólogos o alargamento de seus quadros de referências para além das figurações, o que implica um redimensionamento na escala de observação dos fenômenos (2015: 245). Ora, argumenta Elias, o que nos impede de fazer articulações mais amplas é o ponto de vista centrado no indivíduo. É a dificuldade de nos percebermos enquanto figurações humanas. As imagens de si, que provocam ilusões de independência e atemporalidade, acabam por orientar a construção dos modelos de conhecimento, sobretudo na sociologia do século XX. Apresenta, então, as ligações entre os indivíduos, as linguagens e os objetos:

> A sociologia do século XX oferece alguns exemplos célebres da imagem de si. As teorias da ação de Weber e Parsons estão entre as mais famosas. Elas conheceram um prolongamento com a teoria da ação comunicativa de Jürgen Habermas, que se concentrou sobre o problema da comunicação humana. Mas seria um erro imputar o impasse cognitivo que observamos em todas essas teorias unicamente ou principalmente a seus autores. Eles exprimem e repercutem um *habitus* social preciso, próprio à época (ELIAS, 2015: 55).

Vimos, nas lições anteriores, que a construção da compreensão científica da sociedade depende do exercício controlado do distanciamento individual que, por sua vez, diz respeito às passagens das coerções externas a autocoerções. Tomando como base o material empírico trabalhado em *A sociedade de corte*, Elias já identificava impulsos em direção a uma maior consciência dos objetos na experiência emocional dos indivíduos. Isso fazia com que a natureza fosse percebida como algo exterior, conforme explicado na Sétima lição. Na medida em que as cadeias de interdependência tornam-se cada vez mais complexas, a compreensão das cadeias de interdependência fica mais opaca e mais difícil. O conhecimento científico, no curso de seu desenvolvimento, vai ajustando o foco investigativo nos objetos, como átomos, células e figurações, e não mais nos seres humanos por eles mesmos, seus interesses, desejos e fantasias (ELIAS, 2016: 7).

Para construir uma teoria do conhecimento como processo de simbolização foi preciso continuar ultrapassando dicotomias. Se Elias rejeita o falso problema da oposição entre indivíduo e sociedade, faz o mesmo ao demostrar o funcionamento conjunto do par natureza e sociedade. Mas, antes, para trabalhar com a teoria do símbolo, Elias desfez as linhas de demarcação entre presente, passado e futuro (HEINICH, 2002: 64). É no livro *Sobre o tempo* (2002) que o mito do tempo como fluxo contínuo de acontecimentos é posto à prova, ao defini-lo como forma de relação que movimenta as cadeias de interdependências humanas. O tempo não se refere a objetos, mas a relações. Não é apenas um fenômeno físico igual para todos os indivíduos. Até mesmo o posicionamento no espaço não é o único nível de orientação de um acontecimento. Essa foi uma descoberta importante enunciada pelo físico Albert Einstein, lembra Elias (2015: 14). "Todo deslocamento no espaço é também um deslocamento no tempo", continua. Esse fato aparentemente evidente a todos precisou, no entanto, encontrar expressão na linguagem científica.

O tempo é uma representação simbólica que se modifica no curso do PC. Por isso, na regulação da convivência humana, os indivíduos inventam meios de orientação, como os relógios, bússolas e calendários, a fim de lidar com o fluxo dos acontecimentos. Aos poucos, esses instrumentos foram assimilados e se tornaram segunda natureza. Falamos naturalmente de relógios biológicos, assim como ajustamos os ponteiros dos nossos relógios. Os símbolos numéricos de horas, minutos e segundos, porém, não afetam somente as vidas individuais, direcionam as atividades da vida social (ELIAS, 2002: 39). São expressões de um conjunto de ações interdependentes. As agendas são um ótimo exemplo de como operam as estruturas da personalidade dos indivíduos na sociedade moderna, em suas necessidades de autorregulação e de controle sobre seus afazeres e compromissos. No ensaio sobre o tempo, vemos que a experiência humana comporta níveis de interdependências sociais, físicas e biológicas.

É somente em *A teoria do símbolo* que Elias propõe um quadro de referência teórica global capaz de apreender o conhecimento, a linguagem, a memória e o pensamento como complexo conceitual das dimensões humanas. A problemática da síntese diz respeito às ligações para além das relações dos indivíduos com eles mesmos. Elias acredita ser possível o encontro entre a cultura humana e a natureza humana. Por esse caminho, os cientistas sociais alcançariam um alto nível de síntese, fora dos esquemas das oposições binárias com os quais costumam operar, do tipo sujeito x objeto, corpo x espírito, natureza x sociedade. No entanto, é preciso estar atento ao fato de que as leis das sociedades humanas desenvolvidas a longo prazo não são iguais às leis da natureza que evoluem na escala de bilhões de anos por meio da seleção de espécies mais adaptadas e a sobrevivência das mais fortes.

A experiência da natureza discutida em *A teoria do símbolo* evidencia o modo pelo qual a comunicação e a memória se enraízam na estrutura biológica dos seres humanos. Ou melhor, "a aprendizagem, a acumulação de experiências, a aquisição de conhecimentos: tudo isso repousa sobre a mobilização e a modelagem de estruturas naturais" (ELIAS, 2018). Esse é um tópico da teoria da civilização pouco discutido.

Os símbolos são instâncias de mediação entre os objetos da realidade e as representações que deles construímos no pensamento. Existem, porém, diversos tipos de representações simbólicas que podem ser investigadas para o conhecimento das dimensões ou níveis de integração.Vejamos o exemplo da linguagem. As palavras, os sons e as expressões de uma língua são suscetíveis de variar de uma sociedade a outra, mas só fazem sentido para as pessoas nos espaços comuns às comunidades linguísticas. É a codificação simbólica que estabelece a comunicação e a transmissão do patrimônio de conhecimentos e experiências entre todos os indivíduos que falam, por exemplo, o idioma inglês. No entanto, os indivíduos como seres humanos guardam em comum com os animais o fato de que os variados modos de comunicação são predeterminados por constituições naturais (ELIAS, 2015: 18). Em função do desenvolvimento biológico do aparelho vocal, podem realizar o aprendizado da linguagem ainda no período da infância, o que não é possível entre os animais, seres limitados nas suas capacidades de aprendizagem. Assim, maturação e aprendizagem são processos interdependentes que articulam a natureza e a cultura, o inato ao adquirido.

Entre o símbolo e a realidade, porém, não há uma relação de verdade universal, mas sim de congruência entre a experiência humana e sua representação. Na medida em que a realidade é formada por figurações de interdependências processuais, nada é fixado. Com isso, Elias acaba reposicionando o lugar da verdade universal na teoria do conhecimento. Os seres humanos tiveram, então, que esperar a evolução biológica para conquistar o processo de comunicação, transmissão de pensamento e linguagem. Como não conhecemos as representações dos estágios intermediários das espécies vizinhas ao *homo sapiens*, extintas no curso do processo de evolução, nossa relação com os ancestrais na escala de milhões de anos fica bastante artificial. A busca de um começo ou origem absoluta a partir do nada, para Elias, acaba dando lugar a formulações artificiais e obscuras. Essas formulações se pretendem universalmente válidas. As controvérsias sobre a criação do universo ilustram perfeitamente modos de pensamento e cognição que não levam em conta as transições e os processos não planejados e sem começos absolutos. Elias faz uma comparação interessante: assim como o universo, não podemos precisar com certeza o criador de uma língua.

O capítulo que trata das interdependências entre a teoria da evolução e a teoria do desenvolvimento humano é um dos mais importantes do livro *A teoria do símbolo*. Vale a pena mencioná-lo. A construção que Elias faz das relações entre natureza e cultura está embasada nas diferenças e convergências entre as formas geneticamente determinadas e as formas adquiridas pela aprendizagem humana. No caso dos animais, as primeiras predominam sobre as segundas. No caso da espécie humana, o predomínio das segundas sobre as primeiras se expressa em símbolos verbais transmitidos pela linguagem. A capacidade de simbolização cria codificações comuns. A linguagem se traduz em um conjunto unificado de regras para o uso coletivo das palavras. Para Elias, a comunicação pela linguagem é um dos principais traços de distinção entre os indivíduos, pensados como seres humanos, e as outras criaturas animais. As variações geográficas próprias às línguas faladas são um exemplo de produtos de processos de diferenciação e desenvolvimento social. Nas outras espécies, a emissão de sinais, em sentido contrário, se inscreve nos genes. Por isso, as organizações dos grupos animais são autorreferidas e não chegariam jamais à complexidade das mutações observadas nas sociedades dos indivíduos entre, por exemplo, as figurações feudais, as cortes monárquicas e as sociedades industriais-burguesas. Não podemos esquecer que o desenvolvimento das sociedades humanas também se inscreve na evolução natural. Elias observa que os modelos teóricos de explicação sociológico e biológico podem ser articulados quanto à transmissão intergeracional de meios de sobrevivência (2015: 59). Os indivíduos são naturalmente dotados de uma disposição biológica que os torna aptos às experiências socias, como a do aprendizado de uma língua. Os comportamentos humanos adultos, assim, resultam de dimensões inatas e apreendidas. No curso do desenvolvimento infantil, essas dimensões se confundem com facilidade. É a maturação biológica do aparelho fônico humano que possibilita a uma criança se integrar pela linguagem em grupos de convívio.

Essas diferenças de ordem prática têm consequências teóricas relevantes. O que difere a sociologia da biologia, além das suas histórias de constituição institucional como disciplinas, são as formulações por meio das quais constroem as dinâmicas de estruturas. A primeira concebe as mudanças na sociogênese e psicogênese dos indivíduos como transmissões simbólicas; a segunda concebe as mudanças nos indivíduos por meio de estruturas orgânicas. Um outro exemplo de ligação entre desenvolvimento e evolução, continua Elias, são sinais humanos como o sorriso, o gemido e o grito. Os animais não têm a capacidade de verbalizar os seus sentimentos. Nos seres humanos, sorriso, grito e gemido dizem respeito a outros seres humanos e, até, a objetos da natureza e a outros seres não humanos. Conhecemos a importância das emoções na manutenção das interdependências entre os indivíduos. De uma maneira geral, as emoções possuem três componentes: somático (a digestão, o coração que bate etc.), comportamental (as forças motrizes etc.) e afetivo (as raivas, os medos, o amor etc.) (ELIAS, 2018: 22). Esses modelos de reações podem ser compartilhados com outras espécies, mas somente os humanos conhecem as suas variações em função das experiências de verbalização por meio da linguagem. Para Elias, as redes de representações simbólicas são a única dimensão do conhecimento capaz de integrar o inato ao adquirido, a natureza e a cultura.

Na leitura de *A teoria do símbolo*, acompanhamos, como observa Kilminster (2007: 132), o trabalho de Elias no redimensionamento dos tradicionais dualismos ontológicos e epistemológicos que se impuseram à tradição sociológica, como idealismo/materialismo, espírito/matéria, mente/corpo, natureza/cultura, humano/animal, sujeito/objeto, racional/irracional. Para compreender a formação dos símblos é necesssário ultrapassar essas dicotomias. Só assim os seres humanos conseguem se ver de modo menos autocentrado e mais realista, redimensionando suas relações com as outras espécies como partes da natureza.

Em um nível mais elevado de síntese teórica, os processos biológicos e sociais dependem uns dos outros e deveriam ser estudados em interconexões. As últimas palavras do livro *A teoria do símbolo* nos levam a crer que, no século XXI, não podemos mais tomar somente os limites do Estado-nação em que vivemos como referência única ou principal para o conhecimento das figurações de interdependências, é preciso atentar para a humanidade e para os seres humanos *como um todo*.

Referências

BAUMAN, Z. (1989). *Modernity and the Holocaust*. Londres: Polity.

BURKITT, I. (1996). “Civilization and Ambivalence”. *The British Journal of Sociology* 47(1), p. 135-150.

CHARTIER, R. (1985). “Norbert Elias ou la sociologie des continuités” [entrevista com Norbert Elias]. *Libération*, 5 dez., p. 29.

CHARTIER, R. (2001). “Prefácio”. In: ELIAS, N. *A sociedade de corte*. Rio de Janeiro: Zahar.

CHARTIER, R. (2019). De l’art de cour au style Kitsch. In: ELIAS, N. *Le déclin de l’art de cour*. Paris: CNRS.

DELMOTTE, F. & MAJASTRE, C. (2017). “Violence and Civilité: the ambivalence of the State”. In: LANDINI, T.S. & DÉPELTEAU, F. (eds.). *Norbert Elias & Violence*. Nova York: Palgrave Macmillan, p. 55-80.

DELZESCAUX, S. (2016). *Norbert Elias* – Distinction, conscience et violence. Malakoff: Armand Colin.

DEPELTEAU, F.: PASSIANI, E. & MARIANO, R. (2013). "Ariel or Caliban? – The Civilizing Process and Its Critiques". In: DEPELTEAU, F. & LANDINI, T.S. (eds.). *Norbert Elias & Social Theory*. Nova York: Palgrave Macmillan, p. 41-59.

DE SWAAN, A. (2001). Dyscivilization, Mass Extermination and the State. *Theory, Culture & Society*, vol. 18 (2-3), p. 265-276.

DUNNING, E. & HUGUES, J. (2013). *Norbert Elias and Modern Sociology* – knowledge, interdependence, power, process. Londres/Nova York, Bloomsbury.

DUNNING, E. & MENNELL, S. (1998). Elias on Germany, Nazism and the Holocaust: On the Balance between 'Civilizing' and 'Decivilizing' Trends in the Social Development of Western Europe. *The British Journal of Sociology,* 49(3), p. 339-357.

DUNNING, E. & MENNELL, S. (2003). *Norbert Elias*. 4 vols. Londres/Nova Delhi: Thousand Oaks/ Sage Publications.

ELIAS, N. ([1981] 1988). "Violence and Civilization: The State Monopoly of Physical Violence and its Infringements". In: KEANE, J. (ed.). *Civil Society and the State*: New European Perspectives. Londres: Verso.

ELIAS, N. (1997). *Os alemães*. Rio de Janeiro: Zahar.

ELIAS, N. (1998). "The civilizing of parents". In: GOUDSBLOM, J. & MENNELL, S. *The Norbert Elias Reader* – A biographical selection. Oxford: Blackwell.

ELIAS, N. (2001). *Norbert Elias por ele mesmo*. Rio de Janeiro: Zahar.

ELIAS, N. (2006a). "Sobre a sociogênese da economia e da sociologia". In: ELIAS, N. *Escritos & Ensaios* – 1: Estado, processo, opinião pública. Rio de Janeiro: Zahar.

ELIAS, N. (2006b). *La dynamique sociale de la conscience* – Sociologie de la connaissance et des sciences. Paris: La Découvert.

ELIAS, N. (2007). *Involvement and detachment*. Dublin: UCD [Publicado como vol. 8 de *Collected Works of Norbert Elias*].

ELIAS, N. (2010a). *The Society of individuals*. Dublin: UCD [Publicado como vol. 10 de *Collected Works of Norbert Elias*].

ELIAS, N. (2010b). *Au-delà de Freud* – Sociologie, psychologie, psychanalyse. Paris: La Découverte.

ELIAS, N. (2010c). *The loneliness of the dying and Humana Conditio, observations on the development of humanity on the fortieth anniversary of the end of the war (8 May 1985)*. Dublin: UCD [Publicado como vol. 6 de *Collected Works of Norbert Elias*].

ELIAS, N. (2012a). *On the process of civilization*. Dublin: UCD [Publicado como vol. 3 de *Collected Works of Norbert Elias*].

ELIAS, N. (2012b). *What is sociology?* Dublin: UCD [Publicado como vol. 5 de *Collected Works of Norbert Elias*].

ELIAS, N. (2014). *The court society*. Dublin, UCD [Publicado como vol. 2 de *Collected Works of Norbert Elias*].

ELIAS, N. (2016). *J'ai suivi mon propre chemin: Un parcours dans le siècle, propos autobiographiques* – Respect et critique, discours de réception du prix Adorno. Paris: Sociales.

ELIAS, N. (2018). Les êtres humains et leurs émotions: essai de sociologie processuelle. In: DELEUERMOZ, Q.; DODMAN, T. & MAZUREL, H. *Sensibilités, Histoire Critiques & Sciences Sociales* – Controverses sur l'emotion: Neurosciences et sciences humaines. Paris: Anamosa.

ELIAS, N. (2019). *Le déclin de l'art de cour*. Paris: CNRS.

ELIAS, N. & SCOTSON, J.L. (2008). *The established and the Outsiders*. Dublin: UCD [Publicado como vol. 4 de *Collected Works of Norbert Elias*].

FLETCHER, J. (1997). *Violence and civilization*: an introduction to the work of Norbert Elias. Cambridge: Polity.

GABRIEL, N. & MENNELL, S. (2011). "Handling over the torch: intergenerational processes in figurational sociology". In: GABRIEL, N. & MENNELL, S. *Norbert Elias and Figurational Research*: processual thinking in sociology. Blackwell Publishing.

GOODWIN, J.; HUGHES, J. & O'CONNOR, H. (2016). Return to Winston Parva: Starting to Reconstruct The Established and the Outsiders "From the Margins". *Historical Social Research*, 41(3), p. 18-30 [Disponível em https://doi.org/10.12759/hsr.41.2016.3.18-30].

GOUDSBLOM, J. (1993). Reviewed Works: *The Society of Individuals*, by Norbert Elias e Edmund Jephcott / *The Symbol Theory*, by Norbert Elias e Richard Kilminster. In: *Contemporary Sociology*, vol. 22, n. 2.

HEINICH, N. (2002). *La sociologie de Norbert Elias*. Paris: La Découverte.

JOLY, M. (2010). “Présentation”. In: ELIAS, N. *Au--delà de Freud* – Sociologie, psychologie, psychanalyse. Paris: La Découverte.

JOLY, M. (2012). *Devenir Norbert Elias*. Paris: Fayard [Coleção Histoire de la Pensée].

KORTE, H. (2001). Perspectives on a long life: Norbert Elias and the Process of Civilization. In: SALUMETS, T. (ed.). *Norbert Elias and Human Interdependencies*. Montreal/Kingston: McGill-Queen's University Press.

KORTE, H. (2004). Le regard ethnologique de Norbert Elias. In: ELIAS, N. *Vers une science de l'homme*. Paris: CNRS.

KORTE, H. (2005). “Apresentação à edição brasileira”. In: ELIAS, N. *A peregrinação de Watteau à ilha do amor*. Rio de Janeiro: Zahar.

KORTE, H. (2017). *On Norbert Elias* – Becoming a Human Scientist. Wiesbaden: Springer.

LAHIRE, B. & ELIAS, N. (1993). Engagement et distanciation – Contributions à la sociologie de la connaissance. *Revue Française de Sociologie*, 34/4, p. 673-676 [Disponível em https://www.persee.fr/doc/rfsoc_0035-2969_1993_num_34_4_4291].

MALESEVIC, S. & RYAN, K. (2012). The Desfigured Ontology of Figurational Sociology: Norbert

Elias and the question of violence. *Critical Sociology*, 39(2), p. 165-181.

MENNELL, S. (2001). The other side of the coin: decivilizing processes. In: SALUMETS, T. (ed.). *Norbert Elias and Human Interdependencies*. Montreal/Kingston: McGill-Queen's University Press.

MENNELL, S. (2015). Civilising offensives and decivilising processes: between the emic and the etic. *Human Figurations*, vol. 4, Issue 1 [Disponível em http://hdl.handle.net/2027/spo.11217607.0004.109].

ROTMAN, D. (2005). Intellectual trajectory and experience of Norbert Elias at the Isle of Man Refugge Camps. *Revue d'Histoire Modern & Contemporaine*, vol. 52/2.

WOUTERS, C. (2014). Universally applicable criteria for doing figurational process sociology: seven balances, one triad. *Human Figurations*, vol. 3, Issue 1, fev.

COLEÇÃO 10 LIÇÕES

– *10 lições sobre Kant*
Flamarion Tavares Leite
– *10 lições sobre Marx*
Fernando Magalhães
– *10 lições sobre Maquiavel*
Vinícius Soares de Campos Barros
– *10 lições sobre Bodin*
Alberto Ribeiro G. de Barros
– *10 lições sobre Hegel*
Deyve Redyson
– *10 lições sobre Schopenhauer*
Fernando J.S. Monteiro
– *10 lições sobre Santo Agostinho*
Marcos Roberto Nunes Costa
– *10 lições sobre Foucault*
André Constantino Yazbek
– *10 lições sobre Rousseau*
Rômulo de Araújo Lima
– *10 lições sobre Hannah Arendt*
Luciano Oliveira
– *10 lições sobre Hume*
Marconi Pequeno
– *10 lições sobre Carl Schmitt*
Agassiz Almeida Filho
– *10 lições sobre Hobbes*
Fernando Magalhães
– *10 lições sobre Heidegger*
Roberto S. Kahlmeyer-Mertens
– *10 lições sobre Walter Benjamin*
Renato Franco
– *10 lições sobre Adorno*
Antonio Zuin, Bruno Pucci e Luiz Nabuco Lastoria
– *10 lições sobre Leibniz*
André Chagas
– *10 lições sobre Max Weber*
Luciano Albino
– *10 lições sobre Bobbio*
Giuseppe Tosi

– *10 lições sobre Luhmann*
Artur Stamford da Silva
– *10 lições sobre Fichte*
Danilo Vaz-Curado R.M. Costa
– *10 lições sobre Gadamer*
Roberto S. Kahlmeyer-Mertens
– *10 lições sobre Horkheimer*
Ari Fernando Maia, Divino José da Silva e Sinésio Ferraz Bueno
– *10 lições sobre Wittgenstein*
Gerson Francisco de Arruda Júnior
– *10 lições sobre Nietzsche*
João Evangelista Tude de Melo Neto
– *10 lições sobre Pascal*
Ricardo Vinícius Ibañez Mantovani
– *10 lições sobre Sloterdijk*
Paulo Ghiraldelli Júnior
– *10 lições sobre Bourdieu*
José Marciano Monteiro
– *10 lições sobre Merleau-Ponty*
Iraquitan de Oliveira Caminha
– *10 lições sobre Rawls*
Newton de Oliveira Lima
– *10 lições sobre Sócrates*
Paulo Ghiraldelli Júnior
– *10 lições sobre Scheler*
Roberto S. Kahlmeyer-Mertens
– *10 lições sobre Kierkegaard*
Jonas Roos
– *10 lições sobre Goffman*
Luís Mauro Sá Martino
– *10 lições sobre Norbert Elias*
Andréa Borges Leão e Tatiana Landini

Leia também!

Desapegar-se
com
Schopenhauer
CÉLINE
BELLOQ

Viver
Apaixonadamente
com
Kierkegaard
DAMIEN
CLERGET-GURNAUD

Ser livre
com
Sartre
FRÉDÉRIC
ALLOUCHE

Afirmar-se
com
Nietzsche
BALTHASAR
THOMASS

EDITORA
VOZES

Conecte-se conosco:

facebook.com/editoravozes

@editoravozes

@editora_vozes

youtube.com/editoravozes

+55 24 99267-9864

www.vozes.com.br

Conheça nossas lojas:

www.livrariavozes.com.br

Belo Horizonte – Brasília – Campinas – Cuiabá – Curitiba
Fortaleza – Juiz de Fora – Petrópolis – Recife – São Paulo

EDITORA VOZES LTDA.
Rua Frei Luís, 100 – Centro – Cep 25689-900 – Petrópolis, RJ
Tel.: (24) 2233-9000 – E-mail: vendas@vozes.com.br